Beck-Wirtschaftsberater:
Kreatives Arbeiten

Beck-Wirtschaftsberater: Kreatives Arbeiten

Methoden und Übungen zur Kreativitätssteigerung

Von Dr. Michael Knieß

Deutscher
Taschenbuch
Verlag

dtv

Originalausgabe

Juli 1995
Redaktionelle Verantwortung: Verlag C. H. Beck, München
Umschlaggestaltung: Fuhr & Wolf Design-Agentur, Frankfurt a. M.
Satz: primustype Hurler GmbH, Notzingen
Druck und Bindung: C. H. Beck'sche Buchdruckerei, Nördlingen
ISBN 3 423 05873 0 (dtv)
ISBN 3 406 39841 3 (C. H. Beck)

Vorwort

Dieses praxisorientierte Buch verfolgt im wesentlichen 3 Ziele:

- Es soll sichtbar machen, daß der Einsatz kreativitätsfördernder Maßnahmen und der Kreativitätstechniken notwendig ist.
- Mit einer großen Zahl von Beispielen und Übungen soll die Kreativität und die Anwendung von Kreativitätstechniken angeregt werden.
- Der Einsatz möglicher Kreativitätstechniken soll erleichtert und deren notwendige Ablaufschritte erläutert werden.

Gerade in der letzten Zeit hat der Begriff der Kreativität wieder mit großem Erfolg Zutritt in das internationale Management gefunden. Die gezielte Anwendung und der mögliche realisierbare ökonomische Nutzen haben sich jedoch noch wenig durchgesetzt.

Zwar wurde bei vielen Kongressen, Tagungen und im Management der Unternehmen erkannt, daß nur eine Unternehmenskultur, die eine Förderung der Findung neuer Ideen fest integriert, den zukünftigen internationalen Herausforderungen gerecht werden kann; zunehmender Wettbewerb (oft über den Preis), global sourcing, immer kürzer werdende Produktlebenszyklen etc. erfordern jedoch eine feste Verankerung eines Systems zur Ideenförderung. So dauerte beispielsweise die Verdopplung des enzyklopädischen Wissens der Menschheit von 1800 bis 1900 noch ein ganzes Jahrhundert. Die Zeitspanne reduzierte sich im folgenden von 50 Jahren (1900–1950) auf 10 Jahre (1950–1960) und dann auf 6 Jahre (1969–1966) und momentan kann zur Wissensverdopplung von einer Zeitspanne von 5 Jahren ausgegangen werden (*Volk* 1990). Auch die Durchsetzung von Innovationen dauerte früher Jahrzehnte, wie z. B. beim Dampfschiff (38 Jahre). Selbst von der Erfindung des Rundfunks 1896 dauerte es 26 Jahre bis zur Markteinführung, beim Fernsehen, erfunden 1911, gar 34 Jahre. Die 1954 entwickelte Antibabypille war dagegen bereits 8 Jahre später eingeführt (*Weber* 1987). Die Zyklen liegen heutzutage weit darunter. Nur wer der Veränderungsdynamik gewachsen ist und die daraus resultierenden, zumeist neuen Probleme lösen kann, d. h. wer fähig ist, neue Ideen zu finden, wird sich am Markt behaupten können. Möglichkeiten der Kreativitätssteigerung sowie die Kreativitätstechniken stellen besonders geeignete Instrumente eines derartigen Systems zur Erzeugung von Innovationen dar. Die meisten Kreativitätstechniken sind wissenschaftlich seit Jahrzehnten ausgereift, deren nutzenbringende Anwendung wurde jedoch von vielen Unternehmen bisher nicht gesehen.

Die Notwendigkeit für Unternehmen, verstärkt die Kreativität und eine systematische Ideenfindung zu fördern, mögen einige Zahlen verdeutlichen.

- So werden in den nächsten 10 Jahren zu 50% Produkte verkauft, die heute noch nicht entwickelt sind.
- Verkaufserfolge werden nur 2,4% aller neuen Ideen. Anders ausgedrückt werden 7 von 8 Stunden Entwicklungsarbeit investiert, die keine Verkaufserfolge bringen (*Hummer* 1972).
- Bereits in den 70er Jahren wurden Vergleiche zwischen der Industrie in den USA und in Japan angestellt. Ermittelt wurde, daß in Japan jeder Mitarbeiter seinem Unternehmen 27 Ideen pro Jahr zur Verfügung stellte, wovon 90% realisiert wurden. In den USA entwickelten durchschnittlich 37 Mitarbeiter einen Vorschlag im Jahr. Nur 20% dieser Vorschläge wurden realisiert. Das Verhältnis betrug damit etwa 4000:1 (*Schlicksupp* 1988).
- Im Zeitraum 1973 bis 1988 ging die Innovationsaktivität pro Umsatz-Mark zurück (*Zanner* 1989).
- Nach einer Studie der *Kienbaum Unternehmensberatung* entfielen 1988 in Deutschland auf 100 DM (Gesamt)-Umsatz nur 37,98 DM Innovationsumsatz (*Berth* 1990).

Gerade in den westlichen Industrienationen zeichnen sich viele Unternehmen durch eine Vernachlässigung der Ideenfindung auch aus historischen Gründen aus. Zudem erfolgt lediglich ein traditionell bedingtes Weiterentwickeln bestehender Produkte als die Findung von Innovationen. Auch das kreative Potential der Mitarbeiter wird zumeist nicht wahrgenommen. Eine kreativitätsfördernde Unternehmensstruktur weisen die wenigsten Unternehmen auf.

Zwar halten nach einer 1989 von *Kienbaum* durchgeführten Befragung 85% der Top-Manager die Entwicklung neuer Produkte als vorrangiges Unternehmensziel und 96% der befragten Top-Manager erklärten, daß die Pflege kreativer Mitarbeiter eine hohe Priorität habe, jedoch 67% der betroffenen Mitarbeiter beurteilten ihr Unternehmen als Ganzes innovationsfeindlich (*Zanner* 1989). Zudem ist nach Expertenmeinung das Ideenfindungspotential erst zu 30 bis 40% ausgeschöpft (*Schlicksupp* 1986). Es sind somit genügend Ressourcen frei, die nur einer Entwicklung bedürfen.

Eine offene, flexible Atmosphäre in Unternehmen reicht zwar für sich genommen nicht zu einer erfolgreichen Schaffung von Innovationen aus. Sie bildet aber für kreative Menschen ein ideales Betätigungsfeld. Kombiniert man diese fördernde Atmosphäre des Unternehmens mit einer systematischen Suche nach Ideen, so kann es gelingen, die Effizienz der Ideensuche zu erhöhen. Hierbei kann ein zweckmäßiger Einsatz der Kreativitätstechniken helfen. Allerdings sei an dieser Stelle bereits darauf hingewiesen, daß das Erlernen der Techniken, der Abbau von Kreativitätshemmnissen und Akzeptanzbarrieren sowie der langfristige Aufbau einer kreativitätsfördernden Unternehmenskultur ihre Zeit bedürfen.

Kreativitätstechniken unterstüzten den Prozeß einer erfolgreichen Ideenfindung. Den Erfolg garantieren können sie genauso wenig, wie andere vorgeschlagene Maßnahmen zur Behauptung im schärfer werdenden internationalen Wettbewerb. So weisen die Vorhersagen über langfristige Veränderungen geringe Trefferquoten auf. Beispielsweise konnte bisher eine richtige Energieverbrauchsprognose nicht abgegeben werden, nach den Vorhersagen von Experten dürfte es keinen Hunger mehr geben, die bereits 1967 vorhergesagte Arbeitslosenquote von 25% durch anstehende Automatisierung der Büroarbeiten traf auch nicht ein und selbst den Taschenrechner vermochte niemand vorherzusagen. Je nach angewendeter Kreativitätstechnik, wie z. B. Brainstorming, Methode 635 oder Synektik, wurden jedoch in Unternehmen zwischen 10 und über 30% Erfolgsquoten ermittelt.

Bei den Problemen, für die eine Anwendung der Kreativitätstechniken geeignet ist, handelt es sich um eine spezielle Problemart, die schlecht-definierten Probleme. **Die Grundlagen der Kreativität**, der schillernde Kreativitätsbegriff sowie der kreative Prozeß stehen im Mittelpunkt des **ersten Kapitels**. Auf die psychologischen Grundlagen, die in der Literatur ausführlich dargestellt sind, wird jedoch nur kurz eingegangen. So zeichnet sich der kreative Mensch durch eine Reihe von Fähigkeiten und Merkmalen aus, die ihn von weniger kreativen Personen unterscheiden.

Möglichkeiten der Kreativitätssteigerung sind Inhalt des **zweiten Kapitels**. Ausgehend von den Kreativitätssperren, welche die Kreativität hemmen und den sogenannten Ideenkillern, d. h. Bemerkungen, welche die Lösungsansätze schon im Keim erstikken lassen, werden personenbezogene und unternehmensbezogene Möglichkeiten der Kreativitätssteigerung besprochen. Dabei wird auch auf die für Kreativitätstechniken wesentliche Fragestellung der Einzel- oder Gruppenarbeit eingegangen sowie erlernbare Regeln für kreatives Denken dargestellt. Gegenstand des **dritten Kapitels** sind die **Kreativitätstechniken in der Praxis** sowie die Präsentation und Visualisierung.

Im **vierten Kapitel** erfolgt die Beschreibung wichtiger **intuitiv-kreativer Kreativitätstechniken**. Neben den Brainstorming- und Brainwriting-Methoden werden u. a. ausgewählte Methoden der intuitiven Orientierung wie Bionik und Inkubation sowie die Synektischen Methoden anhand von Beispielen erläutert.

Während **im fünften Kapitel die systematisch-analytischen Methoden** wie die Morphologische Methode, Sequentielle Morphologie, Attribute Listing und Relevanzbaum erläutert werden, findet im **sechsten Kapitel** eine Ablaufbeschreibung der Szenario-Technik, der Simulation und der Cross-Impact-Methode statt.

Im **siebten und achten Kapitel** werden über 60 Übungen zur Kreativitätssteigerung und Anwendung der Kreativitätstechniken angeboten. Kreativitätstechniken stellen das Gerüst, den Ablaufplan zur Anwendung bekannter Methoden, wie die wechselseitige Assoziation, die Übertragung von Analogien, die Variation, die Kombination und systematische Aufgliederung dar, mit dem Ziel, eine möglichst große Zahl von Ideen zu entwickeln. Dazu werden in einem ersten Übungsteil Übungsaufgaben zur Steigerung kreativer Fähigkeiten angeboten (Kapitel 7). Im zweiten Übungsteil werden ausgewählte Übungsaufgaben zu den dargestellten intuitiv-kreativen und den systematisch-analytischen Kreativitätstechniken angeboten (Kapitel 8).

Das abschließende **neunte Kapitel** beschäftigt sich mit den Möglichkeiten der Computerunterstützung sowie den zukünftigen Entwicklungen.

Dieses Buch wendet sich besonders an Praktiker, die bereits erkannt haben, welche Bedeutung kreativitätsfördernde Maßnahmen und der Einsatz von Kreativitätstechniken auf die Steigerung der Ideenfindung ausüben können. Es werden aber auch all diejenigen Führungspersonen und Mitarbeiter von Organisationen und Unternehmen angesprochen, die zwar die Notwendigkeit einer Veränderung ihrer Organisation erkannt haben, aber bisher nicht die Gelegenheit hatten, die ersten Schritte zu unternehmen.

Berlin, im Mai 1995 *Michael Knieß*

Inhaltsverzeichnis

Kapitel 4: Intuitiv-kreative Methoden

Kapitel 5: Systematisch-analytische Methoden

Kapitel 6: Weitere Methoden

Kapitel 7: Übungsteil zur Steigerung kreativen Verhaltens

Kapitel 8: Übungsteil Kreativitätstechniken

Kapitel 9: Kreativitätstechniken und Computerunterstützung

Kapitel 1: Grundlagen der Kreativität

Der Begriff der Kreativität

Kreativität in einem weiten Sinne kann als die Erzeugung und Auswahl neuer, wertvoller Informationen verstanden werden (*Blohm* 1973). Der Begriff beinhaltet damit Erfindungen und Entdeckungen aller Art sowie ästhetische Schöpfungen der verschiedensten Bereiche, wie der bildenden Kunst, der Musik usw. Im engeren Sinne bedeutet Kreativität, deren Hauptmerkmal die Kombination bzw. Neu-Organisation von Erfahrungsinhalten ist, die Fähigkeit, Konstellationsprobleme zu lösen. Das Charakteristikum der Konstellationsprobleme besteht darin, Elemente oder Systeme derart anzuordnen (konstellieren), daß eine Systemstruktur mit Eigenschaften gebildet wird, die der Problemlösende als Sollzustand anstrebt oder die ihm diesen Zustand näherbringt.

Da Kreativität aber nicht primär nur mit dem Rationalen, Nachvollziehbaren, Bewußten in Verbindung zu bringen ist, kann man unter **Kreativität** besser **die hervorragende Denkfähigkeit zur Lösung schlecht-strukturierter bzw. genauer schlecht-definierter Probleme wie Such-, Analyse- und Auswahlprobleme verstehen** (*Schlicksupp* 1977). Demnach ist **Kreativität die Fähigkeit, neue Lösungen bzw. neue Ideen zu finden**. Kreativität ist jedoch keine Eigenschaft, die entweder vorhanden oder nicht vorhanden ist. Vielmehr kann sie erlernt werden, wenn auch nicht vollständig. Die Entfaltung der Kreativität hängt dabei personell von einem möglichst in vielen Bereichen reichen Erfahrungswissen, hoher Motivation, Anstrengung und Ausdauer ab.

Klar von der Kreativität abzugrenzen ist aber die Intuition, die als das Gewahrwerden eines Sachverhaltes bezeichnet werden kann, welches nicht auf einer bewußten, lückenlos nachvollziehbaren Hinführung beruht (*Blohm* 1973). Intuition ist demnach eine unbewußte Intelligenz, das „richtige Gefühl/Gespür", wodurch das unmittelbar Wesentliche erkannt werden kann. Intuition kann daher als *eine* Quelle der Kreativität betrachtet werden. Die andere Quelle kreativ zu wirken ist – wie oben erwähnt – die Rationalität. Wichtig ist, daß beide Möglichkeiten sich nicht gegenseitig ausschließen, sondern ergänzen und wechselseitig verstärken.

Im Gegensatz zur Intuition erfaßt die unternehmerische Vision einen längerfristigen, zukünftigen Zeithorizont. Unternehmerische Vision impliziert ein erahnendes Verständnis der zukünftigen realen Situation und ein wegweisendes Selbstverständnis für das Unternehmen in dieser Lage (*Rühli* 1990). Eine Vision steuert unbewußt Denken und Handeln.

Allerdings ist die Vision gegenüber der Utopie dahingehend abzugrenzen, daß eine Vision eine präzise Vorahnung für eine zukünftige Realität meint. Gegenüber der mechanistischen Extrapolation weisen Visionen einen herausfordernden Novitätsgehalt auf, mit ihnen wird „zu neuen Ufern aufgebrochen". Zudem entwickeln sie für ungelöste Fragen eine wegweisende Selektionskraft (*Rühli* 1990). Analog zur Intuition kann eine Vision ebenfalls nicht rational abgeleitet oder systematisch erarbeitet werden.

Die Entfaltung visionärer Fähigkeiten hängt dabei ebenso wie die Entfaltung der Kreativität personell von einem möglichst in vielen Bereichen reichen Erfahrungswissen, hoher Motivation, Anstrengung und Ausdauer ab. Eine sorgfältige Analyse zukünftiger Marktentwicklungen, nicht nur der Absatz-, sondern auch der Beschaffungs- und vor allem der Technikmärkte und unternehmensinterner Fähigkeiten, bildet damit eine wesentliche Voraussetzung für die visionäre Fähigkeit.

Die Kreativität wird durch vier wesentliche Einflußfaktoren bestimmt, das Produkt, den Menschen, den Prozeß und die Umwelt. Vergleiche Abb. 1.

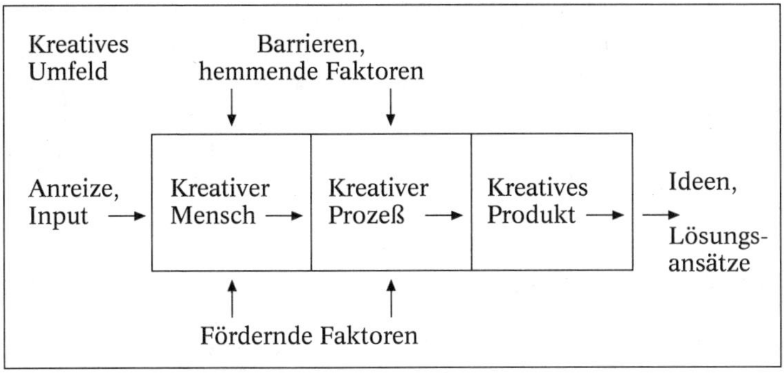

Abb.1: Einflußfaktoren der Kreativität

Das kreative Produkt

Ein wesentlicher Einflußfaktor des kreativen Prozesses ist das kreative Produkt, da die Ideen vorher unbekannt gewesen sein müssen. Das kreative Produkt (die kreative Idee, der neue Gedanke) ist das Ergebnis des schöpferischen Prozesses. Probleme ergeben sich bei der Beurteilung, ab wann von einer kreativen Idee gesprochen werden kann und nicht nur von einer Erkenntnis. Diese Unterscheidung ist schwierig und läßt sich nur schwer objektiv beurteilen und messen. Die Beurteilung eines geistigen Produktes als kreativ oder nicht kreativ ist sehr subjektiv. In der Literatur wurden zwar Beurteilungskriterien entwikkelt, die eine objektive Beurteilung erlauben sollen, aber auch die zunächst als objektiv und eindeutig herausgestellten Kriterien können unterschiedlich ausgelegt werden und zu unterschiedlichen Ergebnissen führen. Man ist sich bisher nur einig, daß ein kreatives Produkt im statistischen Sinne neu und im wirtschaftlichen Sinne wertvoll sein soll (vgl. etwa *Johansson* 1985, *Meißner* 1988, *Hunt* 1984).

Zur Abgrenzung gegenüber nicht kreativen Produkten werden Kriterien wie Neuheit, Ungewöhnlichkeit, Seltenheit (Grad der Novität) und Angemessenheit, Brauchbarkeit sowie Nützlichkeit aufgeführt (*Meyer* 1993). An diesen Begriffen erkennt man bereits die Schwierigkeit einer allgemeingültigen Definition. So kann Neuheit objektiv, d. h. allgemeingültig neu sein oder subjektiv, d. h. bezogen auf eine Person, relativ, d. h. bezogen auf den Sachverhalt oder absolut, wie z. B. eine technische Erfindung, bedeuten.

Der kreative Mensch

Nach personellen Kriterien, die einen kreativen von einem nicht kreativen Menschen unterscheiden wurde schon seit langer Zeit gesucht. In früherer Zeit verband man Kreativität häufig mit krankhaften geistigen Zuständen. Beispiele für das Zusammentreffen von geistiger Krankheit und genialer Kreativität sind in der Geschichte oft anzutreffen. Aber auch die Gleichstellung von Kreativität mit Genialität und Einzelkämpfertum ist nicht selten vorzufinden. Empirische Untersuchungen zeigen jedoch, daß diese Aussagen eher dem Phantastischen zuzurechnen als wissenschaftlich begründbar sind.

Es können aber anhand der durchgeführten Untersuchungen eine Reihe von Eigenschaften abgeleitet werden, die auf eine hohe Kreativität deuten und auch nur so verstanden werden sollten. Besonders wichtig ist es jedoch darauf hinzuweisen, daß die Eigenschaften, welche die individuelle Kreativität ausmachen, sowohl anlage- als auch erziehungs- sowie umweltbedingt beeinflußbar sind. Sie sind dementsprechend nicht bei allen Menschen gleichermaßen vorhanden bzw. bei den Menschen mehr oder weniger stark ausgeprägt. Kreativität ist aber bis zu einem gewissen Grad durch kreativitätsfördernde Maßnahmen aktivierbar und erlernbar. Kreativitätstechniken können einen Beitrag zur Kreativitätssteigerung leisten.

Bei den durchgeführten Untersuchungen zeigte sich zudem, daß zwischen Persönlichkeitsmerkmalen und kreativen Aktivitäten Wirkzusammenhänge bestehen. Dabei gilt, je positiver bestimmte Eigenschaften (psychische Gesundheit und Selbstbewußtsein, Energiepotential, Neugier, Konflikt- und Frustrationstoleranz, Denken in komplexen und vernetzten Systemen, Triebbestimmtheit, Regressionsfähigkeit und Unabhängigkeitsdenken) bei einem Menschen vorherrscht, desto kreativer wird er sich verhalten (*Schmeisser* 1986).

Im einzelnen werden kreativen Menschen Fähigkeiten zugerechnet (*Meyer* 1993), wie die Fähigkeit zu divergentem Denken und ein hohes Selbstvertrauen. Kreative Personen bevorzugen die Komplexität, weisen ein größeres Unabhängigkeitsbedürfnis auf, d. h. sie sind auch unabhängiger in ihrem Urteil, sie sind dominanter, wehren sich gegen Unterdrückung oder Einschränkung, haben einen Sinn für Ästhetik und Freude am Erfolg (Zielmotivation statt Inhaltsmotivation).

Drei wesentliche Einflußfaktoren der Kreativität sind Tätigkeitsdrang und Motivation, Kognitionen und Informationsverarbeitungsprozesse sowie die Persönlichkeit des Menschen.

1. **Tätigkeitsdrang/Motivation:** Die Stärke der Aktivität als Reaktion auf Anreize hat einen Einfluß auf die Dauer und Intensität der Motivation (Motivation = Zustand des Angetriebenseins, in dem Motive manifestiert werden, die auf eine Bedürfnisreduktion herabzielen), die den Menschen zum bewußten Handeln veranlaßt. Kreatives Verhalten, durch das ein Mensch motiviert wird, neue Ideen zu entwickeln, sind besonders abhängig von Emotionen und einem hohen Grad an fachlichen Involvements.
   Während sich Emotionen durch Begeisterung und Spaß an der Tätigkeit äußern, bewirkt das Involvement eine erhöhte Informationsaufnahme und eine Konzentrierung auf das Wesentliche. Insbesondere bei Maßnahmen zur Motivationserhöhung kann ein Unternehmen auf vielfältige Art eingreifen. Motivation kann beispielsweise durch den Arbeitslohn, durch Anerkennung oder durch den Wunsch nach Selbstverwirklichung erzeugt werden. Motivationsbeeinflussend sind u. a. auch das Führungsprinzip (autoritär oder partizipativ), die Arbeitsatmosphäre und die Anerkennung der Mitarbeiterleistungen.
   Daß Motivation als Antrieb zur kreativen Leistung wichtig ist, ist unbestritten. Eine stärkere Motivation führt jedoch nur bis zu einem gewissen Grad auch zu einer Kreativitätssteigerung (vgl. Abb. 2).

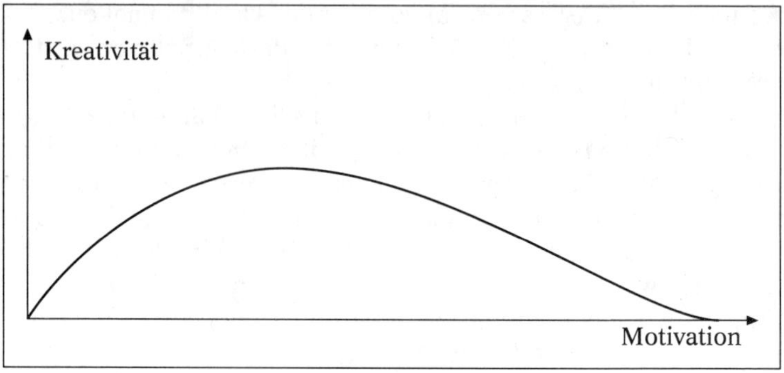

Abb. 2: Verhältnis von Kreativität und Motivation

2. **Kognitionen und Informationsverarbeitung:** Als Kognitionen bezeichnet man die Wissenseinheiten, die dem Problemlösenden zur Verfügung stehen. Je größer nun die Menge der Kognitionen ist, desto mehr Möglichkeiten bestehen zur Assoziation und Analogiebildung und damit zur Ideenfindung. Allerdings muß bei zwei gegenläufigen, die Kreativität beeinflussenden Tatbeständen, zwischen dem Einfluß großen Allgemeinwissens und der problemspezifischen Erfahrung unterschieden werden. Während Allgemeinwissen die Assoziationsmöglichkeiten fördert, schränkt Erfahrung das kreative Denken ein. So zeigte sich bei Experimenten, daß Menschen mit großer problemspezifischer Erfahrung oft weniger Gedankenflexibilität besitzen. Sie weisen ausgeprägte kognitive Schemata auf, die sie daran hindern, weit auseinanderliegende Bereiche assoziativ miteinander verknüpfen zu können. Außerdem bedeuten neue Aspekte für sie das Umstoßen gewohnter Ansätze. Hierdurch kommt es zur Kreativitätshemmung. Auch die Intelligenz, d. h. die Fähigkeit, Wissenseinheiten zu einer Problemlösung zu verknüpfen, ist der Kreativität nicht uneingeschränkt förderlich. Trotzdem wird ein gewisser Grad an Intelligenz als Voraussetzung für den erfolgreichen kreativen Prozeß angesehen.
   Nach *Johansson* (1978) sind die Wortgeläufigkeit (Worte zu finden), die Assoziationsgeläufigkeit (Synonyme zu finden)

und die Ideengeläufigkeit (Zuordnung von Bedingungen und Begriffen) die kognitiven Voraussetzungen für kreatives Verhalten.

3. **Persönlichkeit:** Der Bedeutung der Persönlichkeit als Grundlage der Kreativität kommt eine herausragende Bedeutung zu. Grundsätzlich lassen sich mehrere Persönlichkeitstypen unterscheiden. Nach *Berth* (1990) lassen sich drei wesentliche Persönlichkeits – Typen voneinander abheben, die von Untersuchungen des Standford Professor Harold Leavitt abgeleitet sind:
   - Der Entdecker, der sich durch Aufgeschlossenheit, Spontanität und intellektuelle Neugier auszeichnet und nur noch selten anzutreffen ist.
   - Der Analysierer und Problemlöser, dessen charakteristischsten Eigenschaften die Besonnenheit, Pflichtorientiertheit, Selbstkontrolle, eine skeptische Grundeinstellung sowie konkrete Sachbezogenheit sind.
   - Der Realisierer, der über die Eigenschaften geistige Flexibilität, soziale Sensibilität, Bereitschaft zur Veränderung, Unkonventionalität, Distanzfähigkeit gegenüber Menschen und Begeisterungsfähigkeit verfügt.

Nach einer von *Kienbaum* durchgeführten Studie in der Bundesrepublik Deutschland, lassen sich ca. 16% der befragten Manager eher den Entdeckern zuordnen, 43% eher den Analysierern und Problemlösern und 41% zählen eher zu den Realisierern (*Thom* 1992). In der reinen Form sind diese drei Persönlichkeitstypen in der Praxis aber selten anzutreffen. Eine kreative Persönlichkeit sollte im Idealfall eine Mischform dieser drei Grund-Typen sein. Es ist davon auszugehen, daß gerade die große Komplexität der Persönlichkeit ein stark eigenständiges kreatives Verhalten und ein losgelöstes und schweifendes Denken ermöglicht.

Über die Bedeutung der Persönlichkeitsmerkmale und Verhaltensweisen von kreativen Personen gibt es umfangreiche Untersuchungen. Die Komplexität einer kreativen Persönlichkeit zeigt sich an der Vielzahl der Merkmale, Fähigkeiten und Verhaltensweisen, die einen kreativen Menschen charakterisieren. Die folgende Auflistung gibt die wesentlichen, der Kreativität nützenden Eigenschaften, Fähigkeiten und Verhaltensweisen wieder. Demnach sollte die kreative Persönlichkeit vorweisen:

- ein ausgeprägtes Bestreben nach Selbstaktualisierung,
- den Drang zum Ausleben von Impulsen, Launen und Spontanität,
- Empfänglichkeit für Gefühle und Empfindungen, wobei die Triebe kontrolliert bleiben,
- eine offene Haltung gegenüber der Umwelt,
- Offenheit für neue Erfahrungen,
- Neugier gegenüber Ungewohntem,
- Anpassungsfähigkeit,
- die Fähigkeit zum Lösen von Konventionen und Traditionen,
- eine Vorliebe für Komplexität und Mehrdeutigkeit (Vereinfachungen werden vermieden, mehrdeutige, widersprüchliche Erfahrungen werden bevorzugt, um sich damit auseinander zu setzen),
- hohes Konfliktlösungspotential,
- hohe Streß- und Frustrationstoleranz (Energie),
- Begeisterungsfähigkeit,
- Spaß am Erfolg,
- Eigeninitiative (kreative Menschen gelten als vital, spontan und ausdauernd),
- Problemsensibilität (die Fähigkeit, Unstimmigkeiten, Widersprüche und Neuheiten in der Umwelt zu entdecken und zu problematisieren),
- Vorurteilsfreiheit,
- gedankliche, spontane Flexibilität, die ein Denken mit freien Assoziationen wesentlich ermöglicht,
- Originalität (kreative Menschen besitzen die Fähigkeit, ungewöhnliche Lösungsansätze aufzugreifen und diese weiterzuentwickeln),
- Fähigkeit, in einer kurzen Zeit eine große Anzahl von Lösungsansätzen und Assoziationen zu entwickeln,
- hohes Informationsverarbeitungspotential,
- Kommunikationsfähigkeit,
- hohe Leistungs- und Lernmotivation,
- Erfolgsmotivation,
- Durchsetzungskraft.

Das gemeinsame und stark ausgeprägte Vorkommen aller Kreativität fördernder Merkmale und Verhaltensweisen kommt äußerst selten vor. Wenn überhaupt, sind diese Eigenschaften bei Genies vorzufinden. Die Merkmale, Fähigkeiten und Verhaltensweisen kreativer Menschen sind zwar anlage-, umwelt- und erziehungsbedingt mehr oder weniger stark ausgeprägt, sie können aber, wie oben erläutert, bis zu einem gewissen Grade angeregt und erlernt werden.

Der kreative Prozeß

Besonders auf der Grundlage psychologischer Untersuchungen konnte das Verhalten und die Prozesse, die zur Kreativität führen, näher beschrieben werden. Zur Erläuterung des Ablaufs eines kreativen Denkprozesses wird oft auf die Vier-Phasen-Theorie von *Guilford* (1950) und das Modell von *Walles* (1926) zurückgegriffen. Diese theoretischen Grundlagen bilden den Ausgangspunkt einer Vielzahl von Modellen, die sich alle in ihrer Phasenbeschreibung ähneln. So unterscheidet *Marr* (1973) folgende Phasen kreativen Denkens:

- Problemformulierung,
- Informationssammlung,
- Inkubation (Entfernung, Verfremdung),
- Problemlösungsversuch durch Informations(um)strukturierung,
- Frustration,
- Entspannung,
- Inspiration,
- Realisierung, Überprüfung, Bewertung, Auswertung, Bekanntgabe der Problemlösung.

Häufiger anzutreffen ist jedoch die Einteilung des Ablaufs kreativer Denkprozesse in drei bzw. vier Phasen. So haben *Geschka/Reibnitz* (1977) das Modell von *Walles* abgewandelt und unterscheiden in ihrem Modell drei wesentliche Phasen (vgl. Abb. 3).

In der **Vorbereitungsphase** (auch als **logische Phase** bezeichnet) erfolgt ausgehend von der Problemstellung die Problemana-

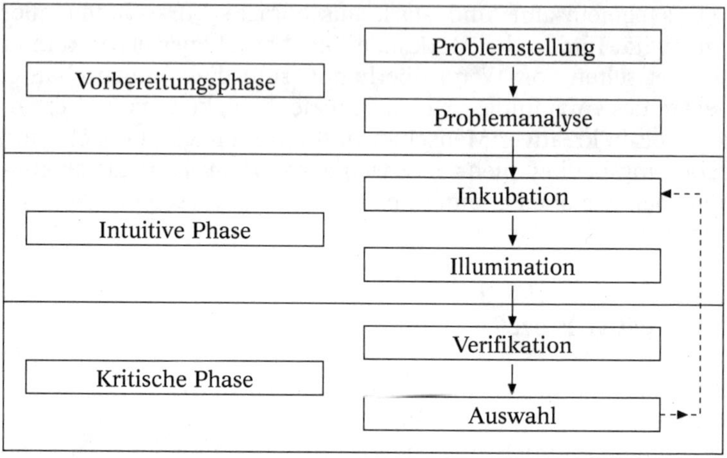

Abb. 3: Der kreative Prozeß

lyse. In dieser Phase wird das Problem erkannt, d. h. das Problem wird begrenzt, genau definiert, in seine Merkmale zerlegt und analysiert. Dazu gehört auch die Sammlung und Suche nach benötigten Informationen.

Mit dem Festlegen des genau definierten Problems tritt die kreative Person in die zweite Phase, die **intuitive Phase**, über, die von besonderem Wert ist. Sie besteht aus der Inkubationsphase (Entfernung, Verfremdung) und der Illuminationsphase (Erleuchtung). Während in der Inkubationsphase als Phase des unbewußten Problemwälzens die Probleme verarbeitet und kreative Ideen entwickelt werden, erfolgt in der Einsichtsphase das „aha"-Erlebnis bzw. die Problemlösung. Hier werden bedeutsame Elemente und Kombinationen erkannt und treten ins Bewußtsein ein.

Der Erfolg der intuitiven Phase hängt somit von der Fähigkeit einer Person ab, das Unterbewußtsein anzuregen. Das Unterbewußtsein ermöglicht uns, intensiv im Langzeitspeicher zu suchen, während sich bewußte Denkprozesse auf das sogenannte „evoked set" im Kurzzeitspeicher beschränken (*Berth* 1981). Zur Problemlösung ist es während der Inkubation wichtig, sich möglichst nicht permanent mit dem Problem zu beschäftigen, sondern einen gewissen Abstand vom Problem zu erreichen. Unbewußte Prozesse helfen demnach beim Lösen von festgefahrenen Lösungsansätzen. Die Entdeckung eines Lösungsansatzes während der Illumination wird wesentlich durch eine entspannte Atmosphäre und einen harmonischen Zustand der problemlösenden Person gefördert.

Der ständige Wechsel zwischen bewußten und unbewußten Prozessen wird durch das Nebeneinander der verschiedenen Bewußtseinsschichten des Menschen, dem Unterbewußtsein, Vorbewußtsein und Bewußtsein, ermöglicht. Unser Handeln und Denken ist stets von allen drei Schichten beeinflußt. Allerdings ist ihr Anteil, da die Übergänge zwischen den Schichten fließend sind, bei jedem Menschen unterschiedlich ausgeprägt. Weil sich in der intuitiven Phase das Unterbewußtsein mit einem Problem beschäftigen kann, während das Bewußtsein sich anderen Dingen zuwendet, sollte diese Fähigkeit gezielt ausgenutzt und gefördert werden.

Die abschließende Phase des kreativen Denkprozesses ist die **kritische Phase** (Verifikation/Auswahl). Hier werden die Ideen hinsichtlich ihrer Verwertbarkeit zur Problemlösung verfolgt, analysiert und bewertet. Als Bewertungskriterien können genutzt werden: Neuheit, im Sinnen von statistischer Ungewöhnlichkeit und Seltenheit, Richtigkeit und Brauchbarkeit, im Sinne von Wirksamkeit.

Das kreative Umfeld

Die persönliche Situation eines Menschen und sein Umfeld, zwischen denen vielfältige Beziehungen bestehen, haben auf die kreative Ideenfindung einen großen Einfluß. So reagiert ein kreativer Mensch mit großer Sensibilität auf Veränderungen, Zwänge und Spannungen. Diese sind aber häufig Auslöser des kreativen Prozesses und dürfen den kreativen Menschen deshalb nicht in seinem kreativen Handeln behindern.

Menschen, hier insbesondere auch die Mitarbeiter in Unternehmen, entwickeln am besten kreative Ideen, wenn ihnen eine entspannte Gesamtatmosphäre geschaffen wird, ausreichend Aktivierung und Motivation vorausgesetzt. Dadurch findet der menschliche Verstand unter Einbeziehung seines vorhandenen Wissens genügend Freiräume für kreative Leistungssteigerung. Hierbei beeinflußt das Umfeld die kreative Person bzw. seine Ideenfindung durch die örtlichen und sozialen Gegebenheiten, wie Raumgestaltung, Geräuschbelästigung und Ablenkung durch andere Mitarbeiter erheblich.

So benötigen kreative Menschen ständig neue Anregungen und Eindrücke. Ideen werden daher am geeignetsten entwikkelt, wenn die Möglichkeit zu permanentem Gedankenaustausch eingeräumt und der Zugang zu den relevanten Wissensquellen ermöglicht wird. Zudem sollte eine ungehinderte Kommunikationsfähigkeit gewährleistet sein sowie die interdisziplinäre Kooperation gepflegt und intensiviert werden.

Neben diesen kommunikativen Aspekten sind jedoch auch die sozialen Bedingungen bei der Kreativitätssteigerung wichtig. Hierzu gehört beispielsweise eine in gewisser Hinsicht notwendige Harmonie unter den Mitarbeitern und eine entspannte Arbeitsatmosphäre, in der sich ein kreativer Mensch geborgen fühlt.

Die Grundlage für kreatives Verhalten kann in Unternehmen bereits durch eine kreativitätsfördernde Unternehmensorganisation erreicht werden. Fördernd auf die Ideenfindung wirken sich ein partizipativer Führungsstil und die weitestgehende Vermeidung von Einengungen durch erlassene Regeln und Normen aus. Auch die Bildung von Kleingruppen und die Vermeidung hoher Spezialisierungsgrade der Tätigkeiten bewirkt ein kreativitätsförderndes Umfeld. Soziale Beziehungen innerhalb einer Gruppe sind für kreative Menschen zwar wichtig, doch muß gewährleistet sein, daß ein kreativer Mensch in seinem Arbeitsgebiet genügend Möglichkeit besitzt, ungestört und individuell arbeiten zu können.

Den größten Einfluß umfeldbezogener Kriterien auf die Kreativität weisen nach *Quiske, Skirl* und *Spieß* (1972) gesellschaftliche und kulturelle Normen und Werte auf. So verdrängt nach ihren Untersuchungen ein zwanghaftes Anpassen an die gesellschaftlichen Normen das Ungewöhnliche und damit kreative

Ideen. Bezogen auf die Unternehmensebene können sich als Reaktion auf ein zwanghaftes Anpassen besonders die folgenden kreativitätshemmenden Wirkungen ergeben (*Quiske/Skirl/Spieß* 1972):

1. **Verdrängung von Ideen und Bedürfnissen:** Der Mensch resigniert und betrachtet seine Kreativität nicht nur als wirkungslos, sondern sogar als Hemmnis auf dem Wege zu größerer sozialer Anerkennung.
2. **Regression:** Der Mensch zieht sich auf eine andere Ebene der Äußerungsmöglichkeit zurück, bedient sich des Rollenspiels, wie z. B. der Kinderrolle oder des Witzes, um ungewöhnliche Ideen äußern zu können. So wird Humor häufig als ein Zeichen ausgeprägter Kreativität angesehen.
3. **Sublimierung:** Der Mensch sucht nach anderen Betätigungsfeldern, um seine Kreativität auszuleben, wie beispielsweise die Kunst, Musik oder Literatur.
4. **Rationalisierung:** Der Mensch sucht nach glaubhaften Begründungen für sein ungewöhnliches Verhalten, die jedoch nicht mit seinen ursprünglichen Motiven übereinstimmen.

Statt das kreative Potential für Zwecke des Unternehmens einzusetzen, wird von kreativen Menschen bei den beschriebenen Reaktionen auf zwanghaftes Anpassen versucht, die Kreativität in anderer Form, sozusagen verdeckt freizusetzen. Trotzdem bleibt zumeist ein Gegendruck der kreativen Menschen bestehen, der von Unternehmen bewußt genutzt werden kann und so den Mitarbeitern die Möglichkeit gibt, diese kreative Energie für die Durchsetzung der Unternehmensziele einzusetzen.

Kapitel 2: Möglichkeiten der Kreativitätssteigerung

Kreativitätshemmende Einflußfaktoren

Kreativitätshemmende Einflußfaktoren, welche die Wirkung der Persönlichkeit des Menschen, seine Fähigkeiten und das Umfeld auf die Kreativitätsentfaltung negativ beeinflussen, zeigen sich besonders deutlich in den sogenannten Kreativitätssperren. Diese können eine Person kurzfristig oder dauerhaft in ihrer Kreativität behindern. Es lassen sich sieben wichtige Gruppen von Kreativitätssperren unterscheiden (*Johansson* 1987):

1. **Auffassungssperren:** Sie sind während der Problemanalyse und Problemabgrenzung anzutreffen und entstehen dadurch, daß eine Person oder eine Gruppe von Personen Schwierigkeiten haben, ein Problem zu isolieren bzw. daß ein Problemfeld zu eng begrenzt wird. Weiterhin treten Auffassungssperren durch die Unzulänglichkeit von Personen, ein Problemgebiet von verschiedenen Seiten zu betrachten, vorzeitig auszuwerten bzw. auch durch ein Informationsüberangebot auf.
2. **Emotionale Sperren:** So können die Persönlichkeit des problemlösenden Menschen und der Einfluß des Umfeldes verantwortlich für die Ausprägung von Gefühlszuständen sein, welche die Kreativität hemmen. Untersuchungen zeigten, daß sich emotionale Sperren besonders oft durch Desinteresse, Übermotivation, Furcht vor Fehlern, Risiko und Mißerfolg sowie die Unfähigkeit, sich zu entspannen bildeten.
3. **Kulturelle Sperren:** Die Beziehungen, Werte und Normen zwischen dem Menschen und der Gesellschaft sind ausschlaggebend für kreatives Handeln und Denken. So resultiert aus Klischee-Denken und dem Beachten von Normen, daß jeder kreative Lösungsansatz mit einer entsprechenden gesellschaftlichen Wertung und einem erzeugten Konformitätsdruck überlagert wird.

   Zudem verhindert der Drang nach Vernunft und Logik, der unserer Gesellschaft beiwohnt, das Umkehren von gewohn-

ten Grundsätzen und die Suche nach außergewöhnlichen Lösungen. Aber auch das Pflegen der Traditionen verbindet jede Vision mit Vergangenem und schließt so oft echte Neuerungen aus.
Tabus und gesellschaftliche Schranken verhindern darüber hinaus die Beschäftigung mit Bereichen, aus denen fruchtbare Ideen entstehen könnten. Aber auch das eigene, persönliche Wertesystem kann Kreativitätshemmnisse herbeiführen. Das persönliche Wertesystem und die persönlichen Einstellungen müssen bei der Beschäftigung mit neuen Gedanken eventuell umgeworfen werden. Dies bedarf einer erheblichen Kraftanstrengung und Ungebundenheit. Zur Erzeugung von außergewöhnlichen Ideen ist dieses Loslösen jedoch ein notwendiger Schritt.

4. **Umweltsperren:** Die sozialen und organisatorischen Einflüsse eines Systems, hier im speziellen die eines Unternehmens, üben einen nicht unerheblichen Einfluß auf die Kreativität aus und können zu wesentlichen Hemmnissen führen. Zu den sozialen unternehmensbezogenen Hemmnissen sind zu zählen:
   - der Mangel an Kooperationsbereitschaft und an Vertrauen unter den Kollegen,
   - persönliche Konflikte,
   - starker Leistungsdruck,
   - eine mangelnde Toleranz gegenüber den Besonderheiten innovativer Methoden,
   - eine mangelnde Unterstützung durch die Geschäftsleitung bei der Ideenrealisierung.

Zu den unternehmensbezogenen organisatorischen Hemmnissen der Kreativität sind zu zählen:

- die Problematik eines zu hierarchisch aufgebauten Unternehmens,
- ein autoritärer Führungsstil und
- ein zu starres Führungssystem.

  Aber auch ökonomische Einschränkungen, wie die Knappheit an Sachmitteln, Geld und Zeit, können einen nicht unerheblichen kreativitätshemmenden Einfluß haben.

5. **Intellektuelle Sperren:** So wird beispielsweise der kreative Prozeß nicht erfolgreich sein, wenn bei den Mitarbeitern ein Informationsdefizit vorliegt, falsche Kreativitätstechniken im Unternehmen angewendet werden oder unrealistische Zielsetzungen von der Geschäftsleitung ausgegeben werden.
6. **Ausdruckssperren:** Ausdruckssperren sind ursächlich für die fehlende oder mangelnde Kooperations- und Kommunikationsfähigkeit der Personen. Aber auch ein organisatorisch bedingter Mangel an Kommunikationsfähigkeiten wirkt sich hemmend aus.
7. **Phantasiesperren:** Phantasiesperren, die in der Psyche des Menschen begründet sind, führen dazu, daß bewußte oder unbewußte Denkprozesse nicht gleichermaßen genutzt und anerkannt werden. Daraus können Probleme bei den Mitarbeitern entstehen, wie die Furcht vor dem Unbewußten, der Mangel an Zugang zu imaginären Denken oder das Unvermögen, Phantasie von der Realität zu trennen.

Ideenkiller

Viele Ideen stoßen, auch wenn sich später ihr Erfolg herausstellen sollte, auf unternehmensinterne Widerstände, die sogenannten Ideenkiller. Ideenkiller sind Bemerkungen, d. h. Aussagen und Fragestellungen, die den Erfolg einer Kreativitätssitzung bzw. der Ideenrealisierung nachhaltig beeinträchtigen können. Sie sollten bei einer Kreativitätssitzung unbedingt vermieden werden. Ideenkiller verbindet miteinander, daß sie autoritär wirken und nicht angegriffen werden können bzw. vereinzelt nicht angegriffen werden dürfen.

Um solchen Widerständen oder geäußerten Bemerkungen schon im vornherein entgegentreten zu können, gebe ich hier einen Überblick über verbreitete Aussagen, die Ideen abwürgen:

- Das mag zwar theoretisch richtig sein, aber...
- So haben wir das noch nie gemacht.
- Zu unmodern!
- Zu modern!
- Damit kommen wir nicht durch!

- Zu akademisch!
- Wollen Sie dafür die Verantwortung übernehmen?
- Das ist doch seit langem bekannt.
- Ob wir dafür jemanden begeistern können?
- Viel zu teuer!
- Wem ist das denn eingefallen?
- Aus Erfahrung kann ich Ihnen sagen, das geht nicht!
- Seit 20 Jahren hat sich das bewährt und auf einmal soll das nicht mehr taugen?
- Dafür sind wir zu klein!
- Dafür sind wir zu groß!
- Was sollen die Kunden darüber denken?
- Lassen Sie uns ein anderes Mal darüber reden...
- Das geht uns (fachlich) nichts an...
- Damit müssen wir einen Ausschuß beauftragen...
- Kunden wollen das nicht!
- Technisch nicht durchführbar...
- Das wird die Leitung nie akzeptieren...
- Wir warten erst mal ab!
- Dafür sind wir nicht zuständig!
- Da müssen wir erst einmal eine Untersuchung vornehmen!
- Wir haben nicht genug Personal!
- Wenn Sie das gut finden, warum hat noch kein anderer es gemacht?
- Für dieses Vorhaben haben wir keine Zeit!
- Selbstverständlich – Sie wissen es besser!
- Sie sehen das Problem nicht...
- Als Experte kann ich Ihnen sagen...
- Dafür haben wir kein Geld!
- Seien Sie erst mal einige Jahre hier!
- Das bringt doch nichts...
- Zu wissenschaftlich!
- Verstehen Sie unser Problem?
- Es wird nicht funktionieren!
- Derzeit laufen zu viele Projekte.
- Lassen wir erst einmal einige Tests machen.
- Ja, wenn das so einfach wäre!
- Dafür ist die Zeit noch nicht reif!

Personenbezogene kreativitätsfördernde Maßnahmen

Von der Vielzahl von kreativitätsfördernden Maßnahmen sollen hier einige wesentliche erläutert werden. Dabei wird auch auf die Erläuterungen von Maßnahmen zur Kreativitätssteigerung des ersten Kapitels verwiesen. Grundsätzlich lassen sich drei wesentliche Maßnahmengruppen zur Steigerung der Kreativität und zum Abbau von Kreativitätshemmnissen für Unternehmen unterscheiden. Zum einen die personenbezogenen Maßnahmen, zum anderen die unternehmensexternen, umweltbezogenen Maßnahmen und zum dritten unternehmensinterne Maßnahmen zur Steigerung der Kreativität. So lassen sich gemäß der Untersuchungen von *Preisner* (1976) folgende kreativitätsfördernde personenbezogene und umweltbezogene Maßnahmen aufführen (vgl. auch die Ausführungen von *Schmeisser* 1986):

Aktivierung kreativen Potentials: Zur Aktivierung des kreativen Potentials ist der Person in ihrem Anwendungsbereich eine Situation zu verschaffen, die einerseits anregend, abwechslungsreich, vielseitig, mit komplexen Reizen ausgestattet ist, deren Umwelt andererseits aber einen Menschen nicht überfordert und durch seine Reizflut übersättigt. Extreme Situationen, insbesondere Monotonie am Arbeitsplatz und Reizüberflutung, sind daher zu vermeiden.

Enthemmung psychologischer Barrieren: Eine Steigerung des kreativen Potentials wird durch Enthemmung psychologischer Barrieren der Problembeschäftigung erreicht. Maßnahmen zur Erreichung dieses Ziels sind die Förderung von Selbstbewußtsein und Sicherheit eines Menschen. Erreicht werden kann dies beispielsweise durch den Abbau der Angstgefühle vor Mißerfolg, den Abbau von Streß und Zeitdruck. Aber auch die Akzeptierung der Person und das Anerkennen unterdrückter Gefühle, wie Aktivität und Aggressivität, bauen Barrieren ab. Weiterhin sollte die Aufhebung scharfer Grenzziehung zwischen Arbeit und Spiel und eine Reduzierung von Leistungsdruck und Erfolgsorientierung erreicht werden, so daß keine Angst vor Mißerfolg, Fehlern und Risiken aufkommen kann. Zudem sollte auf Perfektion und Überbetonung logischer Denkprozesse verzichtet und spöttische und abwertende Äußerungen vermieden werden.

Motivierende Bedingungen schaffen: Kreative Personen sind *intrinsisch* (aus dem Menschen kommend) zu motivieren und *extrinisch* (aus dem Umfeld des Menschen kommend) durch Lob zu belohnen. Tadel sollten dagegen möglichst nicht ausgesprochen werden. Weiterhin ist das Selbstwertgefühl zu fördern und Motivation durch Selbsterfahrung zu stärken, etwa durch Experimentieren, Fragen, Verändern von Materialien, Begriffen und Ideen. Zudem sollte das Austesten der eigenen Grenzen gefördert werden sowie die Sensibilisierung für die Probleme der Umwelt geschärft werden.

Förderung der Unabhängigkeit: Eine weitere grundsätzliche Maßnahmengruppe zur Kreativitätssteigerung stellt die Förderung der Unabhängigkeit als Persönlichkeitsmerkmal dar. Hierdurch erreicht man, daß eine Person sich gegen aktivitätshemmende Einflüsse, die etwa von sozialem Druck erzeugt werden, durchsetzen kann. Die Förderung der Unabhängigkeit bei der Kreativitätsaktivierung wird auch durch die Reduzierung des Konformitätsdrucks enger sozialer Werte und Normen, wie beispielsweise autoritäre Führungsansprüche, Diskriminierung abweichenden Verhaltens und andersartiger Persönlichkeiten, Berücksichtigung persönlicher Besonderheiten und Interessen sowie Geschlechterrollen erreicht.

Unternehmensbezogene kreativitätsfördernde Maßnahmen

Wichtige kreativitätsfördernde unternehmensinterne Maßnahmen sind dagegen:

Verbesserung des Arbeitsklimas: Positiv auf die Ideenfindung wirkt sich ein Arbeitsklima aus, das durch Erneuerungswillen und Problemlösungsbereitschaft gekennzeichnet ist. Dem Mitarbeiter sollte dabei Gelegenheit gegeben werden, eigenen Ideen nachgehen zu können und eventuell sogar die Idee bis zur Patentreife verfolgen zu können.

Anforderungen an ein entspanntes Arbeitsklima sind z. B. nach *Schlicksupp* (1986):

- Entwickle Vertrauen in die Mitarbeiter.
- Mache Mut zu ungewöhnlichem Denken.
- Eingestehen, daß jeder Mensch Fehler machen kann.
- Offenheit und zwar soviel, wie man von anderen an sich erwartet.

Die Schaffung einer kreativen Atmosphäre ist auch bei der Teamarbeit äußerst wichtig. Es gilt hier, eine Atmosphäre zu schaffen, die alle Teilnehmer anregt, auch unkonventionelle Gedanken bzw. auch nur Ahnungen, wie ein Problem gelöst werden kann, zu äußern. So sollte Teamarbeit nicht in getrennten Räumen, sondern in einem Raum stattfinden. Ein gemeinsamer Arbeitsraum vermittelt den Teilnehmern ein Zusammengehörigkeitsgefühl des Teams. Dabei sollte bei der Raumausstattung darauf geachtet werden, daß sich z. B. keine Schreibtische im Arbeitsraum befinden, die unbewußt Barrieren aufbauen.

Wichtig erscheint, darauf hinzuweisen, vorhandene Hemmungen nicht zu unterschätzen. Eine entspanntere Atmosphäre kann bereits dadurch erzielt werden, daß eine aufgelockerte Kleiderordnung erlaubt ist, Musik im Hintergrund spielt oder Getränke und ein Imbiß gereicht werden. Ein anderes Mal wird bei einer Ideensitzung zur Auflockerung mit einem Märchen begonnen. Sich nur hinzusetzen und zuzuhören genügt, damit sich durch die Kraft des Märchens eine entspannte Situation ergibt. Dabei reicht oft das Erzähltalent eines gutes Märchenerzählers aus, um eine Atmosphäre der Ruhe zu schaffen. Die Möglichkeiten sind vielfältig, ein für die Kreativitätssteigerung entspanntes Feld zu schaffen.

Verbesserung des Führungsverhaltens: Eine weitere wichtige Maßnahme stellt eine Verbesserung des Führungsverhaltens dar. Förderlich ist ein Führungsverhalten, das sich an modernen Führungsmodellen orientiert, wie Management by Delegation, Management by Objectives, Management by Motivation etc. Verallgemeinernd kann kreativitätsförderndes Führungsverhalten mit der Aussage „Freiheit unter Verantwortung“ gekennzeichnet werden. Im einzelnen zeichnet sich modernes Führungsverhalten durch einen mitarbeiterorientierten kooperativen Führungsstil, kooperatives, vorurteilsfreies Zusammenwirken zwischen Vorgesetzten und Mitarbeitern, aber auch zwischen den Mitarbeitern aus. Dazu gehört auch die Delegation (Übertragung) von Entscheidungsfreiheit und Verantwortung an die Mitarbeiter, so daß ein größerer, eigener Verantwortungsbereich besteht. Weiterhin sollte den Mitarbeitern eine hohe Sicherheit über den eigenen Status gegeben werden, so daß die Änderungsbereitschaft der Personen geweckt wird. Auf Personalfreisetzungen wegen erfolgreicher Ideenumsetzungen sollte möglichst vermieden werden. Nur so können bestehende Widerstände gegen Neuerungen abgebaut werden.

Förderlich sind zudem mehr Anerkennung neuer Ideen durch die Vorgesetzten, die Gelegenheit, eigenen Ideen nachgehen zu können sowie Toleranz gegenüber Fehlschlägen und Mißerfolgen. So ist die oftmals zu beobachtende Brandmarkung derjenigen, die mit mißglückten Ideen verbunden werden, ein Faktor, der klar verstanden wird und sich lang und nachhaltig auf die Mitarbeiter auswirkt. Nur sehr langsam kann risikofreudiges Verhalten wieder entstehen. Mißerfolge sind vielmehr positiv zu werten und als Chance zum lernen anzusehen. Nur wenn in Unternehmen die Risikobereitschaft besteht, neue Wege zu gehen, die aber Irrwege oder Sackgassen sein können bzw. zumeist sind, erhält man die Chance, überproportional Ideen zu finden und verwirklichen zu können.

Kreativitätssteigerung durch Verbesserung der Aufbau- und Ablauforganisation:

- Fördernd auf die Kreativität wirkt sich eine Matrixorganisation aus, deren Gliederung nach Verrichtungsarten und nach Produkten oder Kunden etc. erfolgt.
- Die Organisation sollte für neue Ideen durchlässig sein. Kreative Personen benötigen in einer Unternehmenshierachie Förderer (auch Sponsoren, Paten oder Machtpromotoren genannt), da sie mehrheitlich nicht über genügend Anordnungs- bzw. Machtbefugnis verfügen. Neue Ideen stoßen oft in den Hierachieebenen von Organisationen auf Widerstände, denn mit den Ideen können Veränderungen der gewohnten Abläufe einhergehen. Es kommt zumeist zu einem Kräftemessen. Die Installierung von Gegengewichten, sogenannten

Ideenträgern, kann hier Abhilfe schaffen. Eine durchlässige Organisation erlaubt zudem den Kontakt von Ideenträgern und Ideendurchsetzern auch außerhalb des Dienstweges auf informeller Basis.

- Minimierung bürokratischer Abläufe, wie z. B. vieler Vorschriften und Regeln sowie der strengen Einhaltung der Instanzenwege.
- Verringerung der weitgehenden Standardisierung der Abläufe, die zu gewohnheitsmäßigen Erstarrungen führen und damit spontanes Verhalten verhindern.
- Aufbau einer offenen Kommunikation, in der ein Höchstmaß an Informationsversorgung auch an untere Hierachieebenen besteht.
- Permanentes Infragestellen des Bestehenden.
- Leistungsgerechtes Gehalt.
- An wissenschaftlichen und praktischen Erkenntnissen orientierte moderne Arbeitsgestaltung, d. h. Förderung der Arbeitszufriedenheit und moderne Arbeitsstrukturierung, wie Job Enrichment (Arbeitsbereicherung), teilautonome Gruppenarbeit (selbststeuernde Gruppen), die als die wichtigsten Maßnahmen angesehen werden können, Job Rotation (systematischer Arbeitsplatzwechsel) und Job Enlargement (Arbeitserweiterung).
- Weniger Komitees und Arbeitsausschüsse, die häufig neue Vorhaben und Ideen zerreden, dafür die Forderung nach mehr Projektarbeit.
- Günstige Arbeitsbedingungen (Arbeitsmittel, personelle Unterstützung) sowie Arbeitsplatzsicherheit.

Kreativitätssteigerung durch Förderung der Mitarbeiter:

- Durchführung von Kreativitätstraining und Verhaltenstraining.
- An sozialen Fähigkeiten und Einstellungen orientierte Beförderung.
- Fort- und Weiterbildungsmöglichkeiten.
- Abwechslungsreiche und herausfordernde, die Fähigkeitsentfaltung fördernde Tätigkeit und weniger Routinearbeiten.
- Aufstiegsmöglichkeiten.

- Anregende Zusammenarbeit mit den Kollegen durch Teamarbeit oder arbeitsplatzübergreifende Aufgaben.
- Möglichkeit, sich in der Fachwelt einen Ruf zu verschaffen. Allein die verstärkte Möglichkeit, sich mit der fachlichen Umwelt, wie z. B. auf Messen, Kongressen oder Gesprächsrunden auseinanderzusetzen, erhöht den Input für kreative Prozesse und kommt so letztendlich auch dem Unternehmen bzw. der Organisation zugute.

Kreativitätssteigerung durch eine kreativitätsfördernde Unternehmenskultur: Eine kreativitätsfördernde Unternehmenskultur (Unternehmenskultur verstanden als die Gesamtheit aller Wertvorstellungen, Denkhaltungen und Normen, die das Verhalten der Mitarbeiter und somit das Bild des Unternehmens prägen) zeichnet sich durch einen hohen Stellenwert der Kreativität im sichtbar gelebten Wertesystem aus. Hierbei darf kein Zweifel aufkommen, daß Kreativität ein erstrebenswertes Ziel für das Unternehmen und die Mitarbeiter ist. In Selbstdarstellungen nach innen und außen sollte daher beispielsweise bei Gesprächen und Besprechungen (auch nach außen) häufig Bezug auf Kreativität genommen werden. Weiterhin zeichnet sich eine kreativitätsfördernde Unternehmenskultur dadurch aus, daß kreatives Verhalten belohnt wird, etwa durch Auszeichnungen, Übertragung weiterer kreativ lösbarer Problemstellungen, die Schaffung von Freiräumen sowie eine weitgehende Unterstützung. Andere Möglichkeiten die Kreativität in die Unternehmenskultur zu verankern sind beispielsweise das Anbringen „Schwarzer Bretter", die sich ausschließlich mit dem Thema Kreativität auseinandersetzen, das Anfertigen von Berichten über besondere Erfolge (etwa in der Betriebszeitung). Aber auch die Veröffentlichung von Namen und deren Erfolge sowie die Institutionalisierung von Wettbewerben um die besten Ideen führen zur einer verstärkten Einbeziehung der Kreativität in die Unternehmenskultur. Eine weitere Möglichkeit wäre das Anbringen von Plakaten mit Beispielen von Problemen und genügend freier Platz, um Lösungsansätze einzutragen. Zu denken ist etwa auch an einen sogenannten Kummerkasten, in den sowohl positive als auch negative Äußerungen (auch anonym) eingeworfen werden können.

Kreative Menschen benötigen zudem ein Unternehmensumfeld, indem nicht bestraft wird, wenn Geld ausgegeben wird, sondern vielmehr Veränderungen belohnt werden. Dazu gehört auch, daß das Recht zum experimentieren in die Unternehmenskultur integriert wird. Die Gewährleistung der richtigen Mischung aus Systematik und Chaos, aus Freiräumen und Kontrolle, also Widersprüchliches, ist ein idealer Nährboden für Kreativität.

Erlernbare Regeln für kreatives Denken

Wie im ersten Kapitel dargestellt, kann Kreativität bis zu einem gewissen Grade aktiviert und erlernt werden. Im Übungsteil sind dazu eine Vielzahl von Aufgaben und Spielen angeführt, die helfen können, kreatives Verhalten zu steigern. Die Übungen sind Bildung, Unterhaltung und Anregung zugleich und sollen dazu beitragen, die für Kreativität wichtigen Eigenschaften wie schöpferische Phantasie, Vorstellungsvermögen, Unterscheidungsvermögen, geistige Flexibilität sowie Steigerung der Assoziationsfähigkeit und des Kombinationsvermögens zu fördern.

Mögliche Regeln zur Kreativitätssteigerung sind in den Kreativitätstechniken in mehr oder weniger ausgeprägter Form und Anzahl wiederzufinden. Neben den im Übungsteil darstellten Möglichkeiten zur Kreativitätssteigerung, sind beispielsweise folgende Methoden zu nennen.

So ist ein oft vorkommender Fehler beim kreativen Denken, daß an einer vorgefaßten Meinung, am ersten Eindruck oder einem Vorurteil festgehalten und nicht über den Tellerrand hinausgeschaut wird. Wenn man glaubt, eine gute Lösung gefunden zu haben, vergeudet man keine Zeit mit der Suche nach anderen Lösungen. Je intelligenter ein Mensch ist, desto eher wird er sich so verhalten. Für dieses als Intelligenzfalle bezeichnete Verhalten (*De Bono* 1985) wurde eine Methode entwickelt, die es auch intelligenten Personen ermöglicht, ohne Gesichtsverlust zu handeln und ohne Vorurteil auch andere Lösungswege zu erkennen. Diese Methode wird als PMI – Methode bezeichnet (*De Bono* 1985).

Dabei steht P für **p**lus oder positive Lösungen, M für **m**inus oder negativ und I für **i**nteressant. Beispielsweise sind für die Frage: „Sollen die Telefonhäuschen gelb angestrichen werden?“ folgende Äußerungen denkbar. Positive Äußerungen sind z. B., gelbe Telefonhäuschen seien leichter von der Straße aus zu sehen, nachts besser erkennbar, besser anzustreichen etc. Negative Äußerungen könnten sein, gelbe Telefonhäuschen seien langweilig, haben ein negatives Image etc. Interessante Äußerungen wären beispielsweise, interessant zu beobachten, wer den Vorschlag unterstützt, interessant zu sehen, ob die Mehrheit dies befürworten würde etc. Diese Frage mag einfach sein, aber im Unternehmensalltag gibt es eine Fülle von Fragen, wie: „Soll die EDV-Abteilung zentral oder dczentral organisiert werden?“, „Auf welche Zukunftsmärkte sollen wir uns konzentrieren?“, die einer kreativen Lösung bedürfen.

Die PMI-Methode sollte insbesondere auch in Fällen eingesetzt werden, die unkompliziert sind und bei denen die Lösung praktisch ins Auge springt. Unsere natürliche Neigung ist es, schnell eine Lösung zu entwickeln und diese dann vehement zu verteidigen.

Eine weitere Methode ist das beabsichtigte Suchen nach bzw. Denken in Alternativen. Die Regel, Alternativen zu suchen, widerspricht unserem natürlichen Naturell, möglichst schnell eine Lösung zu suchen und unterstützt die Findung neuer Ideen. Selbst bei einfach anmutenden Problemen erhöht das Denken in Alternativen die Findung neuer Ideen. Ähnliches gilt für die Bildung von Analogien, die im Rahmen der Kreativitätstechniken ausführlich erläutert werden (vgl. auch die Darstellung der Methoden in Kapitel 4).

Aber auch die zufällige Stimulierung über Reizwörter, die wesentliches Merkmal der Synektik-Methode und deren Abwandlungen ist, kann als Methode angewandt die Ideenfindung steigern. So rufen eine zufällige Zahl, ein zufälliges Wort, ein zufälliger Gegenstand oder eine Person spontane Reize hervor, die gezielt eingesetzt eine Problemlösung bewirken. Beispielsweise wurde das Wort Schlange zufällig ausgewählt (die Zufallswahl könnte etwa dadurch erreicht werden, daß eine Seiten- und Zeilenzahl eines Lexikons genannt wurde) und soll als Auslöser für neue Ideen beim Anwendungsgebiet Boot dienen. So könnte man als Lösung auf die Idee kommen, die schlangenförmige Fortbewegungsart für den Antrieb von Booten zu nutzen.

Wichtig ist hier, daß das zufällig ausgesuchte Wort oder die Person auch genommen und auf keinen Fall durch ein anderes Wort oder eine andere Person ausgetauscht wird (eine zufällige auszuwählende Person könnte aus einer Zeitschrift gefunden werden, etwa durch Angabe einer Seitenzahl).

Darüber hinaus kann die Anerkennung positiver Erfahrungssätze in Unternehmen einen nicht unwesentlichen Beitrag zur Kreativitätssteigerung bringen. Wichtige positive Erfahrungssätze sind beispielsweise:

- Entwickle Vertrauen in die Mitarbeiter!
- Mache Mut zum ungewöhnlichen Denken!
- Gestehe ein, daß jeder Mensch Fehler machen kann!
- Zeige Offenheit, und zwar soviel, wie man von anderen an sich erwartet.
- Beobachte die Umwelt, auch wenn man wenig Neigung dazu verspürt!
- Pflege Kontakte zur Fachwelt und anderen Wissensträgern!
- Schaffe Beteiligung an Forschungskooperationen!
- Denke in Alternativen!
- Stelle permanent das Bestehende in Frage und analysiere es!
- Denke auch nach Rückschlägen positiv und sei stets konzentriert!
- Behalte den Humor!
- Fördere und prüfe Vorschläge, Ideen, Kritiken!
- Belohne diese, auch wenn sie nicht weiter verfolgt werden!
- Institutionalisiere die Kreativität, etwa durch Intrapreneurship (Unternehmer im Unternehmen), d. h. suche unternehmerische Mitarbeiter, setze sie zeitlich frei und fördere sie!

Einzel- oder Gruppenarbeit

Eine pauschale Aussage, ob Einzel- oder Gruppenarbeit zur Kreativitätssteigerung besser geeignet ist, kann und sollte nicht getroffen werden. Beide grundsätzlichen Vorgehensweisen haben ihre Vorzüge und Nachteile und je nach verwendeter Kreativitätstechnik eignet sich besser die Gruppenarbeit oder – was wohl den größten Erfolg bringt – eine Kombination aus Einzel- und Gruppenarbeit. So sind bei den meisten Kreativitätstechniken sowohl Einzelarbeit als auch Gruppenarbeit zu empfehlen.

Auch die Kreativitätsforschung hat das Entscheidungsproblem, ob grundsätzlich Gruppenarbeit der Einzelarbeit oder Einzel- der Gruppenarbeit vorzuziehen ist, bisher nicht lösen können. Zudem weist die Gruppenarbeit als wesentlichen Vorteil auf, daß durch die Gruppenarbeit eine Wissenshäufung stattfindet, die zu mehr Assoziationsmöglichkeiten führt. Daraus folgt eine größere Anzahl von erzeugten Ideen als bei der Einzelarbeit.

Persönlichkeitsbedingt kommt es jedoch bei Gruppenarbeit, wegen der geringeren Identifizierbarkeit und/oder der höheren Ersetzbarkeit individueller Beiträge zur Gesamtlösung, eher zu einem Motivationsverlust während der Sitzung. Da es bei Gruppenarbeit nicht um die individuellen Erfolge geht, sondern um die Teamleistung, besteht außerdem die Gefahr, daß die besten Ideen nicht genannt und zu anderer Zeit als individueller Erfolg verkauft werden. Weitere Aspekte, die gegen einen zu hohen Erwartungsdruck bei Gruppenarbeit sprechen, sind die **Bewertungserwartungsangst** und die **Produktionsblockierung.** Bewertungserwartungsangst bedeutet, daß die Gruppenteilnehmer bei besonders ausgefallenen Ideen Angst vor Kritik aufzeigen, die dann zu Hemmungen führen. Außerdem können ausgefallene Ideen aus Angst, eigene Schwächen zu offenbaren bzw. die Sorge, daß die eigene Idee zu sehr von der Norm abweicht, nicht genannt werden. Die Teilnehmer schweigen vielmehr.

Als weiterer Vorzug der Gruppenarbeit kann aufgeführt werden, daß die Arbeit in der Gruppe zu einer stärkeren Aktivität und zu stärkeren Anreizen führt, neue Ideen zu produzieren. Der Einzelne bzw. seine ausgesprochenen Ideen werden durch Gruppenarbeit gestärkt, sie erhalten durch die Gruppe eine gewisse Geborgenheit und Identität. Diese Situation kann dazu führen, daß die Gruppenteilnehmer uneingeschränkt und unvoreingenommen an einer Problemlösung arbeiten. Die Anzahl der Ideen, welche in einer euphorischen Atmosphäre entstehen und verarbeitet werden, ist bedeutend größer als bei Einzelarbeit. Es sind jedoch die internen Spannungen, die bei Gruppenarbeiten entstehen, unbedingt zu beachten. So wird kaum ein Teilnehmer seine Einstellungen, Erfahrungen und Emotionen vor einer Gruppensitzung ablegen können. Spannungen, die durch Konkurrenzverhalten, Eitelkeit und verschiedene Einstellungen bei der Gruppenarbeit entstehen, können dazu führen, daß die Ergebnisse insgesamt schlechter sind als bei einer Einzelarbeit. Hier ist es besonders wichtig, daß ein guter Moderator bei der Sitzung anwesend ist, um Spannungen schnell abzubauen.

Als weiteres Problem der Gruppenarbeit ist die Zeitpunktoptimierung zu beachten. Teamarbeit und die Arbeitsbereitschaft der Teilnehmer unterliegen sehr stark situativen Schwankungen. Es ist fraglich, inwiefern dieser Zeitpunkt für jeden Teilnehmer auch mit dem Zeitpunkt der Sitzung zusammenfällt. Zudem ist auf eine genügende Anreizqualität während der Gruppenarbeit zu achten. Die in Kreativitätssitzungen entstehenden Anreize sind qualitativ oft sehr ähnlich. Ihre auf die Teilnehmer ausgeübte Wirkung nimmt daher durch Gewöhnungsprozesse im Sitzungsverlauf ab. Die Ideenproduktion verläuft daher ähnlich einer S-förmigen Kurve, d. h. die Anzahl der Ideen steigt bis eine gewisse Sättigung erreicht ist und nimmt danach ab (vgl. Abb. 4). Durch entsprechende Anreize eines gut geschulten Moderators kann jedoch – nach einem gewissen Abfallen der Kurve – ein weiteres Ansteigen erwirkt und damit eine weitere Ideen-

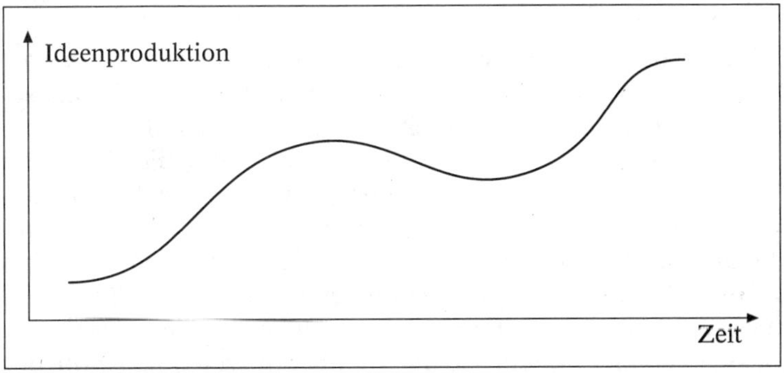

Abb. 4: Ideenfindung während der Gruppenarbeit

produktion erreicht werden. Wissenschaftlich ist jedoch noch nicht endgültig geklärt worden, ob nicht die Anreize, denen die Teilnehmer im Alltag ausgesetzt sind, eine mindestens genauso gute Basis für kreatives Denken beinhalten.

Da die Leistungsfähigkeit und -bereitschaft einer Gruppe von den Fähigkeiten der einzelnen Teilnehmer abhängt, ist ferner zu berücksichtigen, daß zwischen den Teilnehmern keine zu großen erkennbaren Unterschiede in der Leistungsfähigkeit und Leistungsbereitschaft bestehen. Dies kann ansonsten zu Motivationsverlust und Passivität bei den Teilnehmern sowie zur Wirkungslosigkeit von Anreizen führen.

Gruppenarbeit hat außerdem einen positiven Einfluß auf die sozialen Verhältnisse im Unternehmen und die Einstellungen zur Arbeit und zum Unternehmen sowie die weitere Leistungsbereitschaft der Teilnehmer. Wesentlich für eine positive Wirkung auf das Unternehmen ist jedoch die Freiwilligkeit der Teilnahme. Bei freiwilliger Teilnahme kann von einem positiven Einfluß ausgegangen werden, zumindest für die Gruppenteilnehmer.

Im einzelnen können folgende positive Auswirkungen von Gruppenarbeit auf die sozialen Verhältnisse im Unternehmen auftreten:

- Zufriedenheit mit der Arbeit,
- Verhältnis zu Kollegen und Vorgesetzten wird verbessert,
- Arbeitsmotivation und Arbeitsklima werden verbessert,
- Steigerung der Arbeitsqualität,
- größeres Maß an Entfaltungsmöglichkeiten für den Einzelnen.

Neben den bereits erwähnten Kritikpunkten an Gruppenarbeit, die dementsprechend als Vorzüge der Einzelarbeit anzusehen sind, weist die Einzelarbeit weitere Vorzüge auf.

Als wichtigster Vorteil der Einzelarbeit kann die Zeit- und Ortsunabhängigkeit angesehen werden. Die für kreatives Arbeiten notwendigen Anreize können bei Einzelarbeit dementsprechend aufgenommen werden, wann und wo sich der Einzelne befindet. So können sich einzelne Personen mit den Problemen in wesentlich größeren Rahmen beschäftigen, wenn sie es für optimal erachten. Zudem ist die Inkubationszeit nicht von der Dauer der Gruppensitzung abhängig, d. h. die Idee kann auch

zu einem späteren Zeitpunkt erzeugt werden. Ein weiterer Vorteil von Einzelarbeit ist, daß Anerkennung für Erfolge nicht geteilt werden muß. Daraus folgt oft eine intensivere Beschäftigung mit bereits bestehenden Lösungen. Außerdem ist die Einzelperson nicht von der Art eines Moderators abhängig und kann völlig frei phantastische Ideen produzieren, ohne die Angst zu haben, sich zu blamieren.
Neben den Nachteilen von Einzelarbeit, wie schnelleres Ermüden und eventuelles Festbeißen an bisherigen Lösungen, sind insbesondere die Vorzüge der Gruppenarbeit (Wissenskumulation, größere Anzahl von Lösungen, stärkere Anreize, positiven Einfluß auf das soziale Gefüge) als weitere Nachteile der Einzelarbeit zu nennen.

Wie eingangs bereits erwähnt, wird sich der größte Erfolg beim Problemlösen mit Kreativitätstechniken dann einstellen – wie auch in einer Vielzahl von Techniken bereits vom Ablauf der Sitzung vorgesehen – , wenn die Elemente von Gruppen- und Einzelarbeit kombiniert werden.

Praktische Regeln für die Gruppenarbeit

Folgende, die Kreativitätstechniken übergreifenden wichtigen Grundsätze der Gruppenarbeit sollten beachtet werden (zu beachtende Besonderheiten werden im Rahmen der Darstellung der einzelnen Methoden erläutert), damit die erstmalige und nachhaltige Durchsetzung von Kreativitätstechniken den gewünschten Erfolg bringt.

Bei der Mehrzahl der Fälle ist die Gruppenarbeit durch einen Moderator zu leiten, der aber nicht notwendiger Weise ein unternehmensexterner sein muß. Es gelingt die Einführung und Durchsetzung von Kreativitätstechniken um so besser, wenn der Moderator ein Methodenfachmann ist und eine Moderatorenschule besucht hat. Die Beiträge der einzelnen Teilnehmer, die während der Kreativitätssitzung geäußert wurden, sind lückenlos festzuhalten. Die empfohlene Gruppengröße schwankt bei den meisten Kreativitätstechniken zwischen fünf und zwölf (max. fünfzehn) Teilnehmern.

Zur Vermeidung von sozialen Spannungen sollte eine möglichst sozial homogene Gruppe gebildet werden. Neben der bereits erwähnten Auswahl von Personen mit ähnlicher Leistungsfähigkeit und -bereitschaft, erreicht man dies beispielsweise dadurch, daß alle Teilnehmer aus einer ähnlichen Hierachieebene kommen. Kann dies nicht geschehen bzw. bedarf das Problem Teilnehmer aus verschiedenen Hierachieebenen, so lautet eine wichtige Regel für Gruppenarbeit: **In der Gruppe gibt es keine Rangunterschiede**. Für einmalige oder nur kurzzeitig eingerichtete Kreativitätssitzungen wird es zwar sicherlich schwierig sein, die Distanzen abzubauen, gerade hierin liegt jedoch der Schlüssel zum Erfolg. Die Teilnahme eines Machtpromotors, wie z. B. der Geschäftsführung, ist vor allem zur Überwindung von eventuellen Widerständen und zur Ideendurchsetzung hilfreich.

Um die Vielfalt der Aspekte der Gruppenarbeit zu ermöglichen und von den Erfahrungen, Kenntnissen und Fähigkeiten einer möglichst großen Anzahl von Personen zu profitieren, ist bei Gruppenarbeit auf die Heterogenität zu achten, d. h. die Teilnehmer sollten aus verschiedenen Fachbereichen kommen. Auch die Mischung der Geschlechter hat eine positive Wirkung auf kreative Gruppenarbeit.

Vor der praktischen Anwendung der Kreativitätstechniken hat es sich empfohlen, eine Trainings- und Experimentierphase zur Einübung der Regeln voranzustellen. Dadurch können auch vorhandene Widerstände bei Mitarbeitern und Geschäftsleitung gegen einen Methodeneinsatz abgebaut werden. Die erstmalige Einführung sollte sich auf einen überschaubaren und am erfolgversprechenden Bereich der Organisation beziehen, da so ein positives Einsatzfeld für Kreativitätstechniken geschaffen wird.

Vor der erstmaligen Einführung, aber auch vor jeder Sitzung sind die organisatorischen Aufgaben zu erledigen. Dazu zählen Tätigkeiten wie die Festlegung von Datum und Zeit, die Beschaffung und Vorbereitung eines Schulungsraumes, die Bereitstellung der Arbeitsmittel sowie der personellen und finanziellen Mittel und die Organisation der Protokollierung. Es empfiehlt sich, hierfür eine zentrale Anlaufstelle zu schaffen.

Wie bereits erwähnt, ist es zudem äußerst wichtig, daß die Teilnahme an kreativer Gruppenarbeit freiwillig ist.

Kapitel 3: Kreativitätstechniken in der Praxis

Kreativitätstechniken im Überblick

Als Kreativitätstechniken bezeichnet man systematische und strukturierte Techniken, die das kreative Potential einer Gruppe oder einer einzelnen Person fördern. Ziel der Anwendung der Kreativitätstechniken ist die Entwicklung einer möglichst großen Anzahl von Ideen. Dadurch gerät die Qualität der Lösungen oft in den Hintergrund. Es ist nicht die Aufgabe von Kreativitätstechniken, eine Bewertung bzw. Auswahl der Lösungsansätze vorzunehmen. Zur Bewertung von Lösungsansätzen stehen eine Vielzahl anderer Methoden und Techniken, wie Scoring-Modelle, Nutzwertanalyse, Wertanalyse nach DIN 69910, Gemeinkostenwertanalyse, Entscheidungstabellentechnik oder Risikoanalyse zur Verfügung.

Kreativitätstechniken stellen dementsprechend das Gerüst bzw. den Ablaufplan für die Anwendung einer gezielten Zusammenstellung von Methoden dar. Mit ihrem Einsatz sollen die unterschiedlichsten Denkprozesse aktiviert und ein häufiger Wechsel von Analyse und Intuition ermöglicht werden. Die Vorgehensweise bei den unterschiedlichen Techniken orientiert sich dabei zumeist an den Phasen des kreativen Prozesses (vgl. zu den Phasen Kapitel 1).

In den meisten Kreativitätstechniken werden entweder intuitive oder systematisch-analytische Methoden verwendet. Man kann daher nahezu alle Kreativitätstechniken in intuitive und systematisch-analytische Methoden unterteilen (*Petri* 1992, *Schlicksupp* 1986).

Grundgedanke der intuitiven Methoden ist es, die Überwindung gewohnter Denkmuster zu erreichen. Bei den Methoden wird deshalb systematisch-analytisches Vorgehen vermieden. Ziel ist es, spontan möglichst unterschiedlichste und ungewöhnliche Ideen entstehen zu lassen, die mit bekannten Formen wenig Ähnlichkeit haben. Die Anwendung dieser Methoden ist um

so erfolgreicher, je mehr es gelingt, Anreize in den Ablauf einzugeben, die das kreative Denken anregen.
Häufig werden die Ideen bei den intuitiven Verfahren durch Gruppenarbeit gewonnen, da so aus den unterschiedlichsten Bereichen Anregungen für Lösungsansätze gewonnen werden können. Hier kommt, wie im Kapitel 2 detailliert ausgeführt, der Moderation der Sitzungen eine besondere Bedeutung zu.

Leitgedanke der systematisch-analytischen Methoden ist es, ein Problem in eine Vielzahl unabhängiger Teilprobleme zu zerlegen, um diese jeweils für sich zu lösen. Durch Kombination der Einzellösungen bzw. durch Strukturierung und Variation wird dann eine Gesamtlösung zusammengefügt. Die systematische Erarbeitung von Ideen steht dabei im Vordergrund. Dadurch eignen sich diese Methoden auch gut für Einzelarbeit.

Entsprechend ihrer Verfahrensmerkmale lassen sich die beiden grundsätzlichen Methodenarten in weitere Methodengruppen gliedern.

So ist innerhalb beider Gruppen sowohl die assoziative Verknüpfung von Strukturelementen, als auch die Konfrontation bzw. Gegenüberstellung unterschiedlicher Strukturen miteinander möglich. Es lassen sich daher folgende Methodengruppen von Kreativitätstechniken unterscheiden: **Kreativitätstechniken der intuitiven Assoziation**, **Kreativitätstechniken der intuitiven Konfrontation**, **Kreativitätstechniken der intuitiven Orientierung**, **Kreativitätstechniken der systematisch-analytischen Assoziation** und **Kreativitätstechniken der systematisch-analytischen Konfrontation** und **der systematischen Problemspezifizierung** (vgl. Abb. 5).

Die wesentlichen Unterschiede dieser Methodengruppen ergeben sich durch die verwendeten Methoden. Während die Methode der intuitiven Assoziation auf freier Assoziation aufbaut, in deren Ablauf intuitiv Ähnlichkeiten gesucht und miteinander verknüpft werden, verwenden die Methoden der intuitiven Konfrontation vorwiegend die Methode der Analogiebildung. Hierbei unterstützen die eingesetzten Methoden die intuitive Suche nach vermeintlich problemfremden Strukturen, die im Verlauf des kreativen Prozesses in Beziehung zum Ausgangsproblem gesetzt werden.

Wie oben erläutert, wird bei den systematisch-analytischen Methoden ein Problem in eine Vielzahl von Teilproblemen zerlegt und weiterverarbeitet. Bei der Gruppe der Methoden der systematisch-analytischen Assoziation werden nun alle möglichen Ausprägungen der Problemelemente gesucht und miteinander verknüpft.

Dagegen werden bei den Methoden der systematisch-analytischen Konfrontation durch Kombination, Zerlegung und Abänderung Formen gesucht, die der Problemstellung gegenübergestellt werden.

Bei den Methoden der systematischen Problemspezifizierung wird ein Problemfeld systematisch zerlegt und hierarchisch strukturiert, um die zentralen Fragen eines Problemsbereichs oder eines Einzelproblems sichtbar werden zu lassen, die dann zur Problemlösung führen.

Methodengruppe	**Grundgedanke**	**Beispiele**
A. Intuitive Methoden		
1. Intuitive Assoziation		
a) Methoden des Brainstorming	ungezwungene Diskussion ohne Kritik, spontane Einfälle und Assoziationen sollen ausgedrückt werden, Quantität vor Qualität.	• Klassisches Brainstorming • Imaginäres Brainstorming • Diskussion 66
b) Methoden des Brainwriting	Spontane Ideen werden auf Formulare oder Zettel geschrieben, Weitergabe gemäß bestimmter Regeln	• Brainwriting-Pool • Methode 635
2. Intuitive Orientierung	Suche nach Problemfremden Bereichen zur Ideenfindung	• Inkubation • Bionik
3. Intuitive Konfrontation	Verwendung der Methode der Analogiebildung, Erzeugung von Reizobjekten, die mit dem Problem nicht im Zusammenhang stehen und Konfrontation dieser Reizobjekte mit dem Problem, woraus Ideen abgeleitet werden können.	• Synektik • TILMAG • Visuelle Synektik • BBB-Methode • Reizwortanalyse • Force-Fit-Spiel

Methodengruppe	**Grundgedanke**	**Beispiele**
B. Systematisch-analytische Methoden		
1. Systematisch-analytische Assoziation	Zerlegung eines Problems in eine Vielzahl unabhängiger Teilprobleme, um diese jeweils für sich zu lösen. Durch Kombination der Einzellösungen bzw. durch Strukturierung und Variation wird dann eine Gesamtlösung zusammengefügt	• Morphologische Methode • Sequentielle Morphologie
2. Systematisch-analytische Konfrontation	wie 1. aber unter Verwendung der Methode der Analogiebildung	• Morphologische Matrix
3. Systematisch-analytische Problemspezifizierung	Systematische Zerlegung eines Problems und hierarchische Strukturierung, um die Kernfragen eines Problems oder Einzelprobleme sichtbar werden zu lassen, die dann zur Problemlösung führen	• KJ-Methode • NN-Methode • Relevanzbaum

Abb. 5: Die unterschiedlichen Kreativitätstechniken

Die Bedeutung der Frage als Element der Kreativitätstechniken für eine erfolgreiche Ideenfindung

Neben den kreativen Prinzipien sind Fragen ein wichtiger Bestandteil von Kreativitätstechniken. Die Frageformulierung sowohl bei der Gruppenarbeit als auch bei der schriftlichen Fragestellung hat für eine erfolgreiche Problemkonkretisierung und damit zur Ideenfindung einen großen Einfluß. Die Art und Form der Fragestellung beeinflussen daher die Ergebnisse der Ideenfindung außerordentlich.

In der ersten Phase des kreativen Prozesses sind offene Fragen einzusetzen, Fragen, die zur Beantwortung reizen sowie Fragen, die eine vielfältige Antwort ermöglichen und natürlich für alle verständlich sind. Sie eröffnen uns einen größeren Blickwinkel bei der Problemanalyse und der Entwicklung neuer, ungewöhnlicher Konzepte. Zudem bewirken diese Fragen Antworten mit großer Bandbreite und mit gestreuter Zielrichtung sowie schwacher Präzision. Das ist insbesondere für die erste Phase des kreativen Prozesses wichtig. Erst mit fortgeschrittener Problemspezifizierung können dann konkretere Fragen eingesetzt werden.

Dagegen sollten in der ersten Phase des kreativen Prozesses die folgenden Fragenarten nicht eingesetzt werden:

- Rhetorische Fragen.
- Ja/Nein – Fragen. Die Probleme sind zumeist nicht eindeutig mit gestellten Fragen beantwortbar, die ein Ja oder Nein verlangen. Zudem kann die Meinungsvielfalt einer Gruppe mit derartigen Fragen nicht erfaßt werden.
- Für die Teilnehmer peinliche Fragen.
- Lehrerfragen (Ergebnis richtig oder falsch).
- Fangfragen.

Aber auch Fragearten, welche beispielsweise im Verkaufstraining oder in der Verhörpraxis erfolgreich eingesetzt werden, sind für die Ideenfindung nicht geeignet.

In den anderen Phasen des kreativen Prozesses eignen sich auch besonders die sogenannten Transparenzfragen, die sowohl sach- als auch emotionsbezogen sein können. Ihre Absicht besteht darin,

- eine gezielte und beschleunigte Rückkopplung zu gewährleisten,
- die Teilnehmer zu aktivieren,
- Stimmungen, wie den Grad der Zustimmung oder Ablehnung, sichtbar werden zu lassen.

Beispielsweise hat *Berth* einen Fragenkatalog von kombinierten sach- und emotionsbezogenen Fragen entwickelt, welcher der stärkeren Aktivierung und Dynamisierung der Gruppenarbeit während des kreativen Prozesses dient. Bei diesen sehr provokativen Fragen handelt es sich im einzelnen um:

- Was wäre Ihnen besonders peinlich, ekelig, lächerlich?
- Wie sehe eine ganz phantastische Vision aus? Lassen Sie daran kein gutes Haar?

- Wie müßte es aussehen, damit es von allen gelobt werden würde?
- Wie wäre es zu veredeln?
- Wie wäre es ordinär machbar?
- Was könnte ein Kind damit anfangen, was würde es empfinden und denken?
- Wie könnte man jemanden damit schädigen, welche Gefahren liegen darin?
- Wer könnte Furcht davor haben?
- Wen könnte man damit besonders erfreuen?
- Was würden Sie auf keinen Fall damit unternehmen?
- Wie würde ein Mann (eine Frau) wohl darauf reagieren?

Ziel dieser Fragen ist cinc Aufrüttclung der Teilnehmer, um sie aus der Reserve zu locken. Es ist jedoch fraglich, ob diese Fragen in einer derartigen Form angewendet werden können.

Der bekannteste Fragenkatalog ist von *Osborn* entwickelt worden. Diese sogenannten Spornfragen sind rein sachbezogen und haben den Zweck, Veränderungen bereits bestehender Vorstellungen zu erwirken. Beispielsweise zählen zu den Spornfragen:

- Wie kann man es kleiner machen (weniger, leichter, dünner, flacher, abziehen, kürzer)?
- Wie kann man es größer machen (hinzufügen, stärker, dikker,...)?

Osborns Fragen sind im Rahmen der meisten Kreativitätstechniken einsetzbar. Mit seinen oder ähnlichen Fragen arbeiten die meisten Personen unbewußt oder bewußt. Wegen des Checklistencharakters des Fragenkatalogs kann dieser als eigenständige Technik bezeichnet werden. Eine ausführliche Darstellung der Spornfragen von Osborn erfolgt daher im Kapitel der Kreativitätstechniken (vgl. Kapitel 4).

Moderation

Bei einer Vielzahl von Kreativitätstechniken, die in Gruppen angewendet werden, besonders bei den intuitiven, ist eine Moderation notwendig. Zwar ist der Moderator nicht explizit für die Qualität der Lösungen verantwortlich, seine Vorgehensweise der Moderation beeinflußt aber wesentlich die Ergebnisse (vgl. auch Kapitel 2). Deshalb werden an einen Moderator besondere Anforderungen gestellt. Seine Funktion besteht darin, eine Gleichberechtigung der Bestandteile von Gruppenarbeit, nämlich Aktivität, Kontakt, Gefühl und Gruppenziel zu erwirken. Die sachlichen und ökonomischen Gesichtspunkte stellen dabei den Handlungsrahmen dar. Der Erfolg einer Sitzung hängt damit ursächlich von den Fähigkeiten des Moderators ab, den Rhythmus seiner Moderation den Bedürfnissen der Teilnehmer anzupassen.

Unabhängig von den bei speziellen Kreativitätstechniken vorzufindenden Besonderheiten einer guten Moderation sind die wesentlichen geforderten Eigenschaften an einen guten Moderator im einzelnen:

- Er sollte über ein gutes Einfühlungsvermögen in gruppendynamischen Vorgängen verfügen und flexibel im Umgang mit Menschen unterschiedlichster Herkunft sein.
- Er sollte über gute rhetorische Fähigkeiten verfügen.
- Gegenüber den Teilnehmern sollte er sich neutral verhalten.
- Die Techniken und Methoden sollten von ihm beherrscht werden.
- Er darf nicht als Lehrer auftreten, sondern sollte als Mitglied der Gruppe betrachtet werden.
- Er muß ein geduldiger Zuhörer sein, da er selbst kaum Zeit hat, eigene Ideen zu äußern. Zudem stellt er seine eigenen Meinungen zurück und bewertet auch keine Verhaltensweisen. Ein richtig oder falsch sollte es während der Sitzungen nicht geben.

Weiterhin ist für den Erfolg der Gruppenarbeit von Bedeutung, insbesondere in der ersten Phase des kreativen Prozesses, daß der Moderator gut über das Problem und die Zielvorstellungen informiert ist. Was insbesondere beim Einsatz externer Moderatoren zu berücksichtigen ist.

Moderationen können zwar in ihrer Durchführung je nach Aufgabenstellung, Teilnehmerkreis, Zeitrahmen, Organisationskontext, Stil und Persönlichkeit des Moderators recht verschieden geprägt sein, es gibt jedoch eine Reihe wiederkehrender Aufgaben, die von einem Moderator zu übernehmen sind.

Zu den **Aufgaben** während der **Vorbereitungsphase** gehört die Auswahl der Teilnehmer und die Ablaufplanung. Bei der Auswahl der Teilnehmer, die nicht zwingender Weise durch den Moderator, aber zumindest durch eine Koordinierungsstelle vorgenommen werden sollte, sind u. a. die Fragen zu klären, ob die Zusammensetzung der Gruppe richtig ist, die Gruppe nicht zu groß und nicht zu klein ist. Zur Ablaufplanung gehört das Organisatorische.

Neben der Sitzungsplanung und Vorbereitung hat ein Moderator **während einer Gruppenarbeit** eine Vielzahl von Aufgaben zu übernehmen. Im einzelnen sind dies:

- Die Kreativitätssitzung zu leiten,
- Problemstellung erläutern,
- die Arbeitsmittel und -techniken zu erläutern und auf die Einhaltung der Regeln zu achten,
- für eine offene und kooperative Atmosphäre zu sorgen und damit die Kommunikation zwischen den Teilnehmern zu verbessern,
- die Visualisierung zu fördern,
- die Aktivität der Gruppe durch Fragen anzuregen und so die Teilnehmer füreinander und für das Problem zu öffnen,
- Fragen und evtl. Provokationen erzeugen, um eine Gruppendynamik zu erreichen,
- Konflikte zu lösen, ohne moralische Appelle auszusprechen,
- die Entscheidungswilligkeit der Teilnehmer zu erhöhen,
- niemanden in die Defensive geraten zu lassen, so daß er sein Gesicht verlieren könnte.

Nach Abschluß einer Veranstaltung sind noch weitere Aufgaben zu erledigen. Neben dem eventuellen nachträglichen Anfragen an die Teilnehmer, ob noch Ideen aufgetaucht sind, ist besonders wichtig, das Protokoll abzufassen. Hier sollte wörtlich oder zusammengefaßt der Sitzungsverlauf erkennbar sein. Bei der Abfassung des Protokolls ist besonders auf die Fragen einzugehen:

- Wer nahm an der Sitzung teil?
- Wo und wann fand die Sitzung statt, wie lange dauerte sie?
- Wie lautete die genaue Problemstellung und welche Methode zur Problemlösung wurde gewählt?

Das Sitzungsprotokoll sollte zudem die erzielten Ergebnisse sowie deren Beitrag zur Problemlösung beinhalten. Eventuell kann auch eine Sitzungsbeurteilung mit aufgenommen werden. Wichtig ist zudem, daß die Teilnehmer einer Gruppensitzung über das Ergebnis der Auswertung sowie die geplante Weiterführung der Ideen informiert werden. Die Bereitschaft an einer anderen Kreativitätssitzung teilzunehmen, steigt so erheblich.

Präsentation und Visualisierung

Der Visualisierung kommt bei der Gruppenarbeit, aber auch in anderen Bereichen eines Unternehmens oder einer Organisation zumeist eine viel zu geringe Bedeutung zu. Wie bekannt ist, verfügt der Mensch über fünf Sinne, also fünf Wahrnehmungskanäle. Für die meisten Kommunikationsprozesse wird jedoch nur ein Wahrnehmungskanal, das Ohr genutzt. Durch optische Reize wird die Konzentration und Aufmerksamkeit von Personen aber erheblich gesteigert. Zudem wird durch den Wahrnehmungskanal Auge die Merkfähigkeit gestärkt. Gleichzeitig Gehörtes und Gesehenes bleibt besser im Gedächtnis. Während die Behaltensleistung bei „nur hören" bei 5–10% liegt, werden bei gleichseitigem „hören und sehen" 30–50% der Informationen im Gedächtnis behalten (*Kleber/Schrader/Straub* 1985). Ursächlich dafür ist, entsprechend der Hemisphärentheorie, daß bildhafte Informationen in der rechten und Inhalte von Wörtern in der linken Hirnhälfte verarbeitet werden. Die von Paviol daraus entwickelte These der dualen Codierung besagt nun, daß Informationen, die sowohl wörtlich als auch bildhaft übermittelt werden, besonders gut im Gedächtnis verbleiben.

Die Nutzung der Visualisierung für Gruppenarbeiten bietet somit eine Reihe von wesentlichen Vorteilen:

- Durch das bildhafte Darstellen von Informationen und die bildhafte Gegenüberstellung von Alternativen können Wiederholungen vermieden werden und der Entwicklungsstand einer Sitzung wird permanent ersichtlich.
- Bildhafte Darstellungen erleichtern eine gleiche Deutung bei allen Gruppenteilnehmern. Probleme können so konkreter

diskutiert werden und die Aufmerksamkeit der Teilnehmer kann gebündelt werden.
- Bildhafte Darstellungen zwingen die Teilnehmer zu einer Auswahl von wichtigen und unwichtigen Informationen. Das Aufnahmevermögen der Teilnehmer ist dadurch erst zu einem späteren Zeitpunkt erschöpft.
- Verbal schwierig zu erklärende Sachverhalte sind durch Grafiken und Bilder leichter vermittelbar.
- Ergebnisse und Aussagen können sofort festgehalten werden und stehen so für einen späteren Zeitpunkt zur Verfügung.

Für Kreativitätssitzungen bedeuten die Vorteile einer verstärkten Nutzung der Visualisierung eine Ergebnissteigerung. So kann durch ganzheitliche Aufnahme und Interpretationserleichterung eine größere Informationsmenge übermittelt werden. Zudem wird die Gefahr einer Kritik gemindert, da die Aufnahme bildhafter Darstellungen unter schwach kognitiver Kontrolle stattfindet. Gerade die bildhaften, ganzheitlichen Darstellungen in Verbindung mit akustischen Wahrnehmungen werden im Unterbewußtsein gespeichert und stehen so zur Problemlösung zur Verfügung.

Arbeitsmittel der Visualisierung sind z. B. Kärtchen in verschiedenen Farben (besonders geeignet sind die Farben weiß, hellgrün, gelb, orange), Überschriftenstreifen, Klebepunkte für Bewertungen, Filzstifte (besonders geeignet die Farben schwarz, blau, grün, rot), Kuller bzw. Ovale für Betonungen etc.

Zur Strukturisierung der Ideensammlung während der Gruppensitzung können die Arbeitsmittel Tafeln/Flip-Charts, Folien oder Pinnwände unterschieden werden. Für die meisten Kreativitätssitzungen eignen sich entweder Tafeln/Flip-Charts oder Pinnwände. Gegenüber der Foliendarstellung weisen sie wesentliche Vorteile auf: Sie sind technisch einfacher handhabbar, erfordern kein Verdunkeln des Raumes, wirken weniger ermüdend und eignen sich besser zur Strukturierung der Ideen. Veränderungen und Ergänzungen können mit Tafeln/Flip-Charts insbesondere aber mit Pinnwänden wesentlich einfacher vorgenommen werden als beispielsweise mit Kärtchen.

Bei der Visualisierung ermöglicht die Einhaltung von Gestaltungs- und Handhabungsprinzipien, wie die Anordnung der Elemente, Hervorhebungen, Farbe, Form und Strukturierung eine Verbesserung der Ergebnisse. Das betrifft vor allem sitzungsvorbereitende Maßnahmen. Grundsätzlich sollten folgende allgemeine Grundsätze der Visualisierung bei einer Gruppenarbeit Berücksichtigung finden:

- Komplexe Tabellen und Zahlenreihen erfordern zum Betrachten viel Zeit und sind daher für Sitzungen wenig geeignet,
- bei Verwendung von Folien ist darauf zu achten, daß Folien nicht überfrachtet werden. Überladene Darstellungen verwirren schnell und sind ohne Erläuterungen kaum verständlich,
- große Schrift verwenden und möglichst wenig Text (Stichworte verwenden),
- pro Thema eine Folie benutzen.

Einsatzfelder und Anwendung in der Praxis

Umfang von Kreativitätstechniken: 3000 Problemlösungsmethoden und Techniken zur Unterstützung geistiger Tätigkeiten umfaßt eine von *Hürlimann* (1981) erstellte Untersuchung. Auch wenn die meisten der dargestellten Methoden nicht zu den Kreativitätstechniken im engeren Sinne zu zählen sind, gibt es nach einer von *Schlicksupp* (1989) ermittelten Aufstellung immer noch rund 100 – 120 Kreativitätstechniken im weiteren Sinne, die zur Ideenfindung genutzt werden können. Bei anderen Autoren schwankt die Zahl (ohne Vollständigkeit zu garantieren) zwischen 80 und 200 Techniken zum kreativen Denken und Arbeiten.

Anwendung in der Praxis: Trotz der Vielzahl der Methoden, die sich teilweise jedoch nur durch kleinere Abwandlungen unterscheiden, werden nur relativ wenige in der Unternehmenspraxis eingesetzt. Nach einer Darstellung von Schlicksupp (1989) sind im deutschsprachigen Raum insbesondere bekannt:

- Klassisches Brainstorming,
- Methode 635,
- Metaplan,
- Klassische Synektik,
- Morphologischer Kasten,
- Morphologische Matrix.

Eine von *Köhler/Tebbe/Uebele* 1981 durchgeführte Untersuchung (*Uebele* 1988) bei 317 großen Industrieunternehmen mit mehr als 500 Beschäftigten der Bundesrepublik Deutschland erbrachte zwar, daß in 37% der Unternehmen mindestens eine Kreativitätstechnik aus eigener Anwendung gekannt bzw. eingesetzt wird und daß 30,9% der Befragten die Techniken zur Neuproduktideengewinnung nutzen. Die Verwendung beschränkte sich aber häufig auf die Brainstorming-Methode (vgl. Abb. 6).

Technik der Ideenfindung	Zahl der Anwendungen	relative Häufigkeit
1. Brainstorming	73	67,6%
2. Synektik	9	8,3%
3. Morphologischer Kasten	9	8,3%
4. Brainwriting	3	2,8%
5. Sonstige Methoden	14	13,0%
	108	100%

Abb. 6: Verwendung von Kreativitätstechniken nach einer empirischen Untersuchung von *Uebele* (1988)

Dabei sind nach dieser Untersuchung die Anwendungserfahrungen mit Kreativitätstechniken überdurchschnittlich in den Branchen Nahrungs- und Genußmittel sowie Chemie, Gummi und Kunststoffe gemacht worden. Dagegen war die Verbreitung in den Branchen Eisen, Stahl, NE-Metalle und Möbel, Papier und Verpackung unterdurchschnittlich. Allerdings hatten Kreativitätstechniken in der letztgenannten Branche eine überdurchschnittlich hohe Bedeutung für die Ideenfindung (vgl. Abb. 7).

Entgegen der Anwendungshäufigkeit verschiedener Methoden der Kreativitätssteigerung, war die eingeschätzte Bedeutung der Kreativitätstechniken für die befragten Unternehmen sehr hoch. So beurteilten 61,2% der Unternehmen die Kreativitätstechniken als sehr wichtig oder wichtig ein. Lediglich 27,5% stuften deren Bedeutung als eher unwichtig ein. Eine besonders hohe Bedeutung ihrer Einschätzung erfuhren die Methoden durch die Branchen Möbel, Papier und Verpackung; Eisen, Stahl, NE-Metalle und Nahrungs- und Genußmittel.

Branche	Verbreitung in %
1. Nahrungs- und Genußmittel	46,4
2. Chemie, Gummi und Kunststoffe	39,2
3. Elektrotechnik, Feinmechanik, Optik, Meßtechnik	32,0
4. Steine/Erden, Glas/Keramik	31,8
5. Sonstige Konsumgüter	30,8
6. Fahrzeugbau, Luft- und Raumfahrttechnik, Schiffbau	27,8
7. Stahl- und Maschinenbau	27,1
8. Textil und Bekleidung	23,8
9. Eisen, Stahl, NE-Metalle	22,5
10. Möbel, Papier und Verpackung	21,1

Abb. 7: Verbreitungsgrad von Kreativitätstechniken (nach *Uebele* 1988)

Dagegen erbrachte eine Untersuchung von *Geschka* und *Yildiz* (1990; schriftliche Befragung bei 500 Unternehmen aller Branchen), daß selbst die bekannteste Methode, das **klassische Brainstorming**, von 26% der befragten Unternehmen noch nie angewandt wurde. Die Ergebnisse stimmen mit einer Untersuchung der Deutschen Gesellschaft für Betriebswirtschaft (1979) überein, die bei ihrer empirischen Untersuchung (400 mittelständische Industrieunternehmen zumeist weniger als 500 Beschäftigte vor allem der Branchen Maschinenbau, Elektrotechnik, Eisen-, Blech- und Metallwaren, Chemie; 100 beteiligte Unternehmen, Interviewleitfaden und persönliche Interviews) feststellten, daß 79% der befragten Unternehmen keine Kreativitätstechniken einsetzen. Selbst die klassische Brainstorming-Methode wurde nur von 11% der Befragten gelegentlich und von 10% regelmäßig eingesetzt.

Auch eine 1990 durchgeführte Untersuchung des Verfassers bei zumeist mittelständischen Unternehmen der Bundesrepublik Deutschland (mit weniger als 1000 Beschäftigten) über die Bedeutung der Nischenpolitik bei Produktionsunternehmen erbrachte einen geringen Verbreitungsgrad von Kreativitätstechniken (*Knieß* 1992). Zwar setzen nach der Untersuchung (Stichprobe 67 Unternehmen, mündliche Befragung) 51,4% der befragten Unternehmen Prognosemethoden, hier explizit Kreativitätstechniken, ein, der Einsatz beschränkte sich aber zumeist auf einfache Kreativitätstechniken, wie Brainstorming und Szenariotechnik (dabei wurde zumeist eine abgewandelte Form der Szenariotechnik eingesetzt, die unstrukturierter abläuft). Ohne Berücksichtigung der Brainstorming-Methode, setzten nur noch 29,7% der befragten Unternehmen Kreativitätstechniken ein, und ohne die Brainstorming-Methode und die Szenario-Technik verringert sich die Zahl gar von 51,4% auf 13,5% (vgl. Abb. 8).

Kreativitätstechniken	Verbreitung (in %)
Kreativitätstechniken insgesamt	51,4
ohne Brainstorming/mit Szenario-Technik	29,7
ohne Brainstorming/ohne Szenario-Technik	13,5

Abb. 8: Verbreitungsgrad von Kreativitätstechniken

Berücksichtigt man, daß über 90% der Unternehmen in der Bundesrepublik zu den kleinen und mittleren Unternehmen mit weniger als 500 Beschäftigte gezählt werden, kann davon ausgegangen werden, daß trotz des seit den sechziger und Anfang der siebziger Jahre fast unveränderten Methodenrepertoires die Verbreitung von Kreativitätstechniken in der Unternehmenspraxis als sehr gering eingestuft werden muß.

Anwendungsprobleme und Schwierigkeiten

Unabhängig von Anwendungsvoraussetzungen und Schwierigkeiten einzelner Kreativitätstechniken, die bei der Darstellung der jeweiligen Methoden erläutert werden (vgl. Kapitel 4, 5 und 6), sind folgende allgemeine, die Kreativitätstechniken übergreifende Probleme und Schwierigkeiten der Anwendung festzustellen.

In einer Untersuchung von *Schlicksupp* (1980) wurde als besondere Schwierigkeit bei der Anwendung und Einführung der Kreativitätstechniken festgestellt, daß als die größte Ursache für Schwierigkeiten die mangelnde Kenntnis in der Anwendung der Techniken anzusehen ist. Wie oben bereits erläutert, sind höchstens 10 Methoden im deutschen Sprachraum bekannt. Je kleiner das Unternehmen, je geringer die Kenntnis der Anwendung der Techniken. Vielfach ist nur noch die Brainstorming-Methode in Unternehmen geläufig. Die Regeln der einzelnen Techniken sind vielfach nur unvollständig erworben (etwa auf einem 1-Tages-Seminar). Gerade aber bei den Methoden der intuitiven Konfrontation und bei den systematisch-analytischen Methoden bedarf es einer genauen Kenntnis von deren Anwendung. Weitere wesentliche Schwierigkeiten ergeben sich aus der ungenügenden Qualifikation der Mitarbeiter, aus Zeit-, Termin- und Personalproblemen sowie aus der Ablehnung der Methoden aufgrund von internen Widerständen.

Folgende Probleme bei der Anwendung in der Praxis können zusammenfassend dargestellt werden (vgl. auch die Untersuchung von *Schadenhofer* 1982):

1. **Den Methoden inhärente Probleme**, d. h. die Techniken führen nicht mit Sicherheit zum Optimum, können nur nach einer intensiven Trainings- und Anlernzeit sinnvoll genutzt werden. Daneben ergeben sich Probleme, da die Verfahrensregeln der Techniken teilweise im Widerspruch zu bisherigen Verhaltensmustern stehen.

2. **Akzeptanzprobleme**, da der Erfolg der Ideenfindung nicht ursächlich den Techniken zugeschrieben werden kann sowie mangelnde Anerkennung der Methoden durch Mitarbeiter und Management.
3. **Kommunikationsprobleme.** Wie oben bereits erläutert, stellen Methoden der Gruppenarbeit relativ hohe Anforderungen an die Moderation. Unternehmensinterne Personen verfügen oft nicht über die für die Techniken notwendigen Voraussetzungen, vor allem bei den komplexeren Methoden. Dies führt zu Kommunikationsproblemen innerhalb der Sitzungsgruppe und verhindert eine erfolgreiche Ideenfindung.
4. **Organisatorische Probleme.** Neben den organisatorischen Anwendungsproblemen, daß es in Unternehmen und Organisationen oft an Zeit, Räumlichkeiten und Arbeitsmitteln für die Gruppenarbeit mangelt, wird häufig nicht beachtet, daß Kreativitätssitzungen neben den Aufgaben, die während der Durchführungsphase zu erledigen sind, auch andere Arbeiten beinhalten. So ist in der Vorbereitungsphase u. a. die genaue Problemdarstellung zu formulieren, die Sitzung vorzubereiten, d. h. Arbeitsmittel und Arbeitsraum sind zu besorgen und die Koordination (z. B. Einladung der interdiziplinären Arbeitsgruppe) ist zu übernehmen. In einer Auswertungsphase müssen die Ideen ausgewertet werden und anschließend ist die weitere Arbeit zur Bewertung und Realisation erarbeiteter Ideen zu veranlassen.

Beispiel einer erfolgreichen Anwendung

Abb. 9 zeigt ein Beispiel des erfolgreichen Einsatzes von Kreativitätstechniken bei 2 Unternehmen mit ähnlicher Ausgangssituation (*Uebele* 1988). Insbesondere die hohe Motivation der Ideenfindungsgruppe, die nachhaltige Unterstützung durch die Unternehmensleitung, die sorgfältige und gut vorbereitete Vorgehensweise und die systematische Analyse der Lösungsansätze führte bei den Unternehmen zu einer erfolgreichen Anwendung.

Unternehmen		
Merkmal	Holzverarbeitende Industrie (Möbelhersteller; ca. 500 Beschäftigte)	Produktionsschwerpunkt: Nachrichten- und Kommunikationstechnik; ca. 3100 Beschäftigte
Anwendungsproblem	Entwicklung neuer Serien-Kastenmöbel für den Wohnmöbelbereich (Produktmodifikation) durch Formgestaltung, Teilevariation...	Entwicklung konkreter Neuproduktideen in 10 ausgewählten Suchbereichen (horizontale Diversifikation)
Ausgangssituation	Schneller Modellwechsel wegen kurzer Produkt-Lebenszyklen; Zwang zur kurzfristigen Anpassung unter Einbeziehung von Modetrends	Sättigungserscheinungen auf den bisher wichtigsten Märkten; zur Erreichung strategischer Umsatzziele Einführung einer wachstumsträchtigen neuen Produktgruppe
Sonstige Bedingungen	Verträglichkeit neuer Varianten mit bestehenden Typen und Normen in der Produktion und im Zulieferbereich	Nutzung des verfügbaren technologischen Know-hows; Orientierung an den bedeutendsten Stärken und Schwächen
Ideenquelle vor Einsatz des Brainwriting	Fachzeitschriften, Modellbauzeitschriften, Kataloge, fachfremde Zeitschriften	Messebesuche, Marktforschungsanalysen, Kunden- und Außendienstanalyse, Konkurrenzanalyse
Teamzusammensetzung	6 Personen: 2 Designer, Konstruktionsleiter, Produktgruppenleiter, Technischer Zeichner, Gebietsverkaufsleiter	Geschäftsleitung, Projektteam, Mitglieder des externen Beratungsinstituts
Ausgestaltung der Methode	Jeder Teilnehmer hat innerhalb von 15 Min. jeweils ca. 5 Ideen verbal oder als Grobskizze zu Papier zu bringen (jeweils 1 Zettel); Ideen werden auf Pinnwand angeordnet und diskutiert; Ergänzung und Variation der Ideen durch freie Assoziation; evtl. neue Diskussion. Dauer: ca. 1 h	Grundprinzip der Methode 635: Jeder der 6 Teilnehmer schreibt jeweils 3 Ideen in 5 Min. auf; es können Ergänzungen bzw. neue Ideen hinzugefügt werden. Nach 30 Min. liegen $3 \times 6 \times 6 = 108$ Ideen vor. Hier: ca. 400 Ideen, da mehr als 6 Teilnehmer

Unternehmen		
Ergebnisse	Zahlreiche Ideen, die in einem weiteren Schritt auf Realisierbarkeit und Marktchancen untersucht werden. Die anderen Ideen werden zeichnerisch umgesetzt und von einem Gremium (Geschäfts-, Verkaufs-und Designleitung) weiter diskutiert.	Ca. 400 Ideen, die im Rahmen einer umfassenden Bewertung und Auswahl in mehreren Phasen gefiltert werden. Erfolgversprechende Ideen (z. B. Fernanzeige für Reifendruck) werden unter Einsatz der Synektik weiter untersucht.
Bewertung und Folgen	Die methodische Vorgehensweise hat sich bewährt und soll künftig regelmäßig eingesetzt werden.	Nach ausführlicher Marktstudie erweist sich die Produktgruppe „Einbruch-Meldesystem“ als am erfolgreichsten. Sie erfüllt am Markt die Erwartungen. Die eingesetzten Kreativitätstechniken werden als sehr bedeutsam für Produktinnovationen angesehen.

Abb. 9: Anwendung von Kreativitätstechniken in zwei Unternehmen (aus *Uebele* 1988)

Auch wenn viele der bei den verschiedensten Autoren dargestellten Methoden der Kreativitätssteigerung nur Abwandlungen bereits bekannter Techniken darstellen, sind im Vergleich zum bisherigen Einsatz der Methoden der Ideenfindung noch große Abweichungen zu einer möglichen Anwendung festzustellen.

Im folgenden sollen daher für die praktische Arbeit wichtige intuitive und systematisch-analytische Methoden dargestellt werden. Die Darstellung der Methoden orientiert sich an der in Abschnitt 1 vorgenommen Gliederung der Kreativitätstechniken. Neben der Darstellung der Leitideen der Techniken, der Eignung der Methode für die praktische Anwendung und der Erläuterung wichtiger einzuhaltender Regeln für den erfolgreichen Einsatz, kommt der Beispielsdarstellung eine wesentliche Bedeutung zu. In den beiden anschließenden Kapiteln sind eine Vielzahl von Übungsaufgaben (mit Lösungen) dargestellt, die den Einsatz wichtiger Kreativitätstechniken näherbringen sowie Möglichkeiten der Kreativitätssteigerung eröffnen.

Es sei aber noch einmal erwähnt, daß zu hoch gesteckte Erwartungen und mangelnde Geduld während der Anlernphase die Methoden der Ideenfindung schnell in ein schlechtes Ansehen bringen können. Die Techniken sind keine Trichter, aus denen automatisch Produkt- oder Prozeßinnovationen in beliebiger Anzahl gezogen werden können. Eine Garantie, daß die optimale Lösung erzielt werden kann, können die Methoden nicht leisten. Die richtige Anwendung der Methoden der Ideenfindung kann aber den Ideenfindungsprozeß entscheidend steigern und so zu einem Wettbewerbsvorteil für das Unternehmen oder die Organisation führen.

Kapitel 4: Intuitiv-kreative Methoden

4.1 Das klassische Brainstorming und seine Varianten

Klassisches Brainstorming (Ideenwirbel, Gehirnsprudel)

Grundgedanke: Eine der wichtigsten, vielleicht die wichtigste in Unternehmen und Organisationen eingesetzte Methode der Ideenfindung ist das klassische Brainstorming.

Die intuitiv-kreative Methode des Brainstormings wurde in den dreißiger Jahren in den USA von *Alex Osborn* (1963) aus der Erkenntnis des negativen Konferenzdenkens entwickelt. So beobachtete Osborn bei allen von ihm besuchten Konferenzen, daß diese von einer Atmosphäre des „ausgeschlossen, unmöglich, nein und damit Schluß und aus" beherrscht wurden. Ideen wurden abgewürgt, kaum daß sie erwähnt worden waren und viele ansonsten einfallsreiche Teilnehmer hüllten sich deshalb in Schweigen. Die Konferenzen wurden infolgedessen von einer Einzelperson dominiert oder durch die Unternehmensleitung geprägt.

Eine erfolgreiche Anwendung des Brainstormings, einer Methode des schöpferischen Denkens, soll dies jedoch vermeiden. Der wesentliche Aspekt des Brainstormings ist die Aktivierung des Unterbewußtseins, welches auch bei Themenwechsel und Beschäftigung mit anderen Tätigkeiten am Problem arbeitet.

Typische Problemstellungen: Das klassische Brainstorming ist zur Lösung nahezu aller Problemarten einsetzbar. Am besten jedoch eignet sich die Technik zur Lösung von Suchproblemen, die nicht zu komplex sind und sich eindeutig beschreiben lassen.

Grundregeln einer erfolgreichen Brainstorming-Sitzung

Unerläßlicher Bestandteil einer jeden Brainstorming-Sitzung sind 4 Grundregeln.

1. **Keine Kritik.** Kritik oder Wertung findet immer erst später statt. In der ersten Phase geht es ausschließlich um eine erfolgreiche, quantitative Ideenproduktion.
   Wesentlich ist allein, daß der Ideenfluß nicht unterbrochen wird, und daß eine möglichst große Zahl von Ideen erarbeitet wird.
   Für Scheinargumente und Phrasen (Ideenkiller), Entschuldigungen und non-verbale Kritik (Killerface) ist die Zeit zu kostbar. Sie blockieren im Gegenteil den Ideenfluß des Unterbewußtseins der Teilnehmer.
2. **Quantität vor Qualität.** Es kommt auf die Ideenmenge an. Je mehr Vorschläge entstehen, umso größer ist die Wahrscheinlichkeit, daß unter ihnen der oder die „Gewinner" ist/ sind.
3. **Freier Lauf der Assoziationen.** Willkommen ist das freie Gedankenspiel. Je ungezwungener die Ideen sind, desto besser. Dabei muß jede Anregung aufgenommen werden, auch die Anregung von Laien ist von den anwesenden Experten zu akzeptieren.
4. **Aufgreifen und Weiterentwickeln von Ideen Dritter.** Brainstorming ist harte Teamarbeit. Das Aufgreifen und Weiterentwickeln der Einfälle anderer ist nicht nur erlaubt, sondern in höchstem Maß erwünscht. Das sogenannte „Tritt-Brett-Fahren", also das Aufspringen auf die Ideen anderer, hat die Wirkung eines Multiplikators und führt zum Synergie-Effekt in der Gruppe.

Vorgehensweise: Am Fall der Brainstorming-Methode sollen die zu erledigenden Aufgaben für die Vorbereitung, Durchführung und Nachbereitung einer Gruppensitzung exemplarisch sehr ausführlich dargestellt werden. Viele der Aufgaben sind bei den meisten Kreativitätstechniken ähnlich. Bei der Darstellung der anderen Methoden wird daher vornehmlich auf wesentliche Unterschiede zur allgemeinen Ablaufbeschreibung eingegangen.

I. Vorbereitungsphase

- Einladung von 5 – 7 Teilnehmern (max. jedoch 15) mit möglichst unterschiedlichen Kenntnissen und Erfahrungen, d. h. aus verschiedenen Bereichen des Betriebes und möglichst

verschiedenen hierarchischen Ebenen. Bei zu stark divergierenden Hierachieebenen sind jedoch die in Kapitel 2 und 3 genannten Problembereiche zu berücksichtigen. Insbesondere ist die Regel zu beachten, daß es bei dieser Gruppenarbeit keine Rangunterschiede geben darf. Die Erfahrung von Moderatoren zeigte, daß für den Erfolg einer Brainstorming-Sitzung Kleingruppen wichtig sind.
- Problemdefinition und Erarbeitung von Diskussionshilfen.
- Rechtzeitige Einladung mit Orts-, Zeit- und Terminangabe.
- Reservierung eines Sitzungsraums (ruhiger Raum, Tafel oder Flip-Chart, Erfrischung etc.).
- Bereitstellung der Präsentations- und Arbeitsmittel.

II. Durchführungsphase
- Vorstellung des Problems.
- Ideenaustausch entsprechend der oben genannten vier Grundregeln mit entsprechender Protokollierung.
- Die Ideensammlung sollte nicht länger als **30 min.** dauern, da danach kaum noch neue Ideen zu erwarten sind.
- Für den Ablauf der Sitzung ist eine entspannte Atmosphäre zu gewährleisten. Gleichzeitig soll sie jedoch die Aufmerksamkeit der Teilnehmer nicht ablenken. Das Unterbewußtsein reagiert sehr empfindlich und kann sich sehr schnell sperren.

Eine wichtige Aufgabe wird dem Moderator zuteil. Er sollte einerseits im Hintergrund des Geschehens bleiben und andererseits die Gedanken, Ideen und Einfälle der Teilnehmer zu einem feinmaschigen Assoziationsnetz verknüpfen. In der Praxis hat es sich als vorteilhaft herausgestellt, daß der Moderator die geäußerten Ideen für alle sichtbar notiert, wie etwa auf Flip-Charts. Wenn ein Blatt vollgeschrieben ist, wird dieses Blatt für alle Teilnehmer gut sichtbar ausgehangen. So ist gewährleistet, daß man bei der Ideensuche auch die vorher notierten Lösungsansätze im Auge behält. Der Einsatz einer Sekretärin, die stenografiert bzw. die Verwendung eines Tonaufzeichnungsgeräts ist nicht empfehlenswert, da so nur die letzten Ideen vergegenwärtigt werden. Im einzelnen sind die Aufgaben des Moderators beim Brainstorming:
- Beachtung der Regeln und des Themas.
- Spannungen und Disharmonien ausgleichen.

- Bei nachlassendem Ideenfluß Impulse geben. Es hat sich herausgestellt, daß die Ideenproduktion (einem Kurvenverlauf in Abhängigkeit von der Zeit folgend) zwei Maxima aufweist. In der ersten Phase werden zwar viele Ideen geäußert, diese sind jedoch noch sehr konventionell. Die unkonventionellen Lösungen kommen erst in der zweiten Phase (vgl. auch Kapitel 1 und *Burkert* 1977). Die Kunst eines guten Moderators besteht nun darin, die Teilnehmer zu diesem zweiten Maximum zu bringen (z. B. durch Einsatz der sogenannten Transparenzfragen; vgl. Kapitel 3).
- Beendigung der Sitzung erklären.

III. Auswertungsphase

- Von einem Projektteam oder einer einzelnen Person werden im Anschluß an die Sitzung alle Ideen geordnet. Dabei werden die Gruppen der unmittelbar verwendbaren Ideen, der Ideen, die zu einer Lösung entwickelt werden können und der unbrauchbaren Ideen gebildet.
- Es hat sich als vorteilhaft herausgestellt, den Sitzungsteilnehmern das Ideenprotokoll am nächsten Tag auszuhändigen. Ist das Problem ins Unterbewußtsein übergegangen, werden erfahrungsgemäß über Nacht noch weitere neue Lösungsansätze gefunden, die ebenso aufgenommen werden sollten.
- Als letzter Schritt ist die Einleitung der Ideenrealisierung zu veranlassen.

Vor- und Nachteile: Die Vorzüge des Brainstormings sind:

- Die Technik verursacht nur geringe Kosten.
- Brainstorming ist zugleich ein sinnvolles Kommunikationstraining.
- Brainstorming wirkt anregend und motivierend und steigert das Selbstbewußtsein der Teilnehmer.
- Brainstorming verbessert die Arbeitsatmosphäre.
- Zur Problemlösung wird das Wissen mehrerer Personen benutzt.
- Denkpsychologische Blockaden werden durch den Einsatz des Brainstormings vermindert.
- Durch die Anwendung der Methode der Assoziation wird die Lösungsvielfalt erweitert.

- Unnötige Diskussionen werden durch die einzuhaltenden Regeln vermieden.
- Brainstorming ist kurzfristig durchführbar, d. h. man benötigt wenig Vorbereitungszeit und geringes Methodenwissen. Für die Durchführung wird ebenfalls wenig Zeit benötigt.
- Brainstorming ist einfach zu erlernen und daher auf allen hierarchischen Stufen im Unternehmen einsetzbar.

Zu den Nachteilen zählen:

- Inhaltliche Bindungen der Teilnehmer an Erfahrungen und Gesetzmäßigkeiten verhindern das Finden neuer Perspektiven. Diese psychologischen Nachteile von Menschen werden durch die Brainstorming-Methode nicht überwunden.
- Die Teilnehmer können sich zur Äußerung phantastischer Ideen und Utopien gezwungen fühlen,
- bzw. es kommt bei den Teilnehmern zu einer übersteigerten Phantasie.
- Es werden kaum außergewöhnliche Lösungsansätze gefunden.
- Überdurchschnittliches Risikoverhalten der Gruppe (vgl. Kapitel 2, Abschnitt Gruppenarbeit).
- Die Dominanz einzelner Teilnehmer führt zu Spannungen.
- Die Ideenselektion ist sehr aufwendig.

Die häufigsten anzutreffenden Anwendungsfehler sind:

- Es kommt zu Fachdiskussionen, so daß die „Laien", von denen oftmals außergewöhnliche Ideen vorgetragen werden, sich nicht äußern.
- Ein weiterer Fehler ist der häufige Abbruch der Sitzung bereits beim ersten Totpunkt.
- Zu lange Beiträge der Teilnehmer verhindern schnelles Assoziieren.
- Das Protokoll ist unvollständig oder nur in Stichworten vorhanden.

Praxisbeispiele von Brainstorming-Sitzungen

Ein Teilnehmer hatte während einer Brainstorming-Sitzung die Idee, ein Männchen in eine Walnuß kriechen zu lassen, um deren Kern unzerbrochen herauszuholen. Diese Idee hatte für die

Pralinenherstellung die Lösung angeregt, Walnüsse von innen mit einem Gas zu sprengen (*DGfB* 1979).

Ziel einer anderen Brainstorming-Sitzung war es, neue Verwendungsmöglichkeiten für einen bereits bestehenden verschließbaren Plastikbeutel zu finden. Der Plastikbeutel, dessen Innenseiten an der Öffnung so gefertigt waren, daß sie durch einfaches Pressen aneinander hafteten, diente als Behälter für Maschinenersatzeinzelteile. Das Sitzungsprotokoll (*Stuhr* 1969) hatte folgenden Wortlaut:

A: „Für den nassen Badeanzug."
C: „Behälter für Grammophonplatten."
E: „Zahnbürsten… Seife."
B: „Wär' das nicht etwas für Angler?"
A: „Klar, für Köder… lebende Köder."
B: „Heh – wenn ich wieder tauchen geh', kann ich darin allerhand mit hinunternehmen."
E: „Ich weiß nicht recht… wenn dir das Ding dann kaputtgeht…"
Alle: „Oho – Bußgeld – Strafe – ein Dollar Strafe für negatives Denken!"
E: „Pardon… stimmt… werd's nicht wieder tun. Hier ist ein Dollar."
D: „Für Gemüse… Käse."
B: „Und für die Fische, die er gefangen hat."
C: „Als Gummischuh für Regenwetter."
A: „ Oder man macht kleine Beutel für verschiedene Sachen und steckt sie alle in den großen Beutel… Frauen mit all ihren Lippenstiften und solchem Zeug."
E: „Essensbehälter für Restaurants, die außer Haus verkaufen."
B: „Ja, oder wenn du im Restaurant gegessen hast, steckst du die Knochen ein für den Hund."
(Lachen)
D: „Und überhaupt – wenn es dir im Restaurant nicht schmeckt, kannst du es jedenfalls noch mitnehmen."
C: „Großartig… besonders, wenn du Gäste erwartest."
(Lachen)
B: „Oder wenn es im Restaurant nicht gar ist, kocht Mutti es nochmal auf."
A: „Für Schulkinder… statt des Ranzens."
D: „Und für Picknicks."
C: „Und auf Schiffen… für Seekranke."
A: „Ja, und im Flugzeug…"
(Lachen)
E: „Ja, und überhaupt Abfälle… statt eines Eimers für die Müllabfuhr."
B: „Für Anzüge… der Kleiderschrank im Kleiderschrank."
D: „Und dann für Windeln…"
E: „Gebrauchte oder neue?"
(Lachen)

A: „Mit Aufdruck... ein Beutel für neue und ein Beutel für gebrauchte Windeln... Klar, mit Aufdruck."
C: „Glänzend! So verkaufen wir zwei statt einem."
A: „Überhaupt Aufdruck... großartig... denk doch bloß an all die Werbung."
D: „Werbung... Eigenwerbung... 'Noch ein XYZ – Beutel'"

Das anonyme Brainstorming

Beim anonymen Brainstorming sammelt der Moderator bereits *vor* der Sitzung erste Lösungsansätze ein, die von den Gruppenteilnehmern vorher in Einzelarbeit erarbeitet wurden. In der anschließenden Gruppensitzung werden diese ersten Ansätze dann weiterentwickelt. Der Moderator liest hierzu die Ideen einzeln vor und versucht diese mit der Gruppe zu erweiterten Lösungsansätzen zu entwickeln.

Die Vorzüge des anonymen Brainstormings sind:

- Es stehen die alltäglichen Anregungen und zusätzlich die Anregungen der Gruppenarbeit zur Verfügung.
- Es findet eine Anhäufung des Wissens aller Teilnehmer statt.
- Die Technik ist auch für große Gruppen geeignet.
- Die Methode eignet sich gut bei Gruppen, in denen mit Konflikten zu rechnen ist.

Neben den Nachteilen, die allen Brainstorming-Methoden zu eigen ist, gilt als besonderer Nachteil, daß:

- die Teilnehmer schon zu Beginn der Gruppenarbeit sehr auf ihre eigenen Lösungsansätze festgelegt sind, so daß kaum außergewöhnliche Ideen zu erwarten sind.

Das Solo-Brainstorming

Das Solo-Brainstorming ist eine Technik, die in Einzelarbeit durchgeführt wird. Die Anregung zur Findung von Ideen, die beim klassischen Brainstorming durch die Gruppenteilnehmer selbst erzeugt wird, geschieht hier über Situationen, Bilder, Stimmungen, Aktionen, Reizwörter etc. in Einzelarbeit.

Als spezifische Vorteile dieser Technik sind zu nennen:

- Es entfallen die Probleme, die durch Gruppenarbeit verursacht werden.
- Eine einzelne Person ist zeit- und ortsungebunden.

Die spezifischen Nachteile sind:

- Die Anreize bzw. Anregungen durch die Gruppenarbeit fallen weg.
- Zur Assoziation und Ideenfindung steht nur das eigene Wissen zur Verfügung.

Imaginäres Brainstorming

Eine interessante, aber bisher noch wenig eingesetzte Variante des klassischen Brainstormings stellt die von Keller (*Keller* 1971) entwickelte Methode des imaginären Brainstormings dar. Sie beabsichtigt, den Denkprozeß aus seiner eher gewohnten Bahn herauszulösen und somit ungewöhnliche Ideen zu produzieren. Die Technik ist vor allem zur Lösung von Analyse- und Konstellationsproblemen geeignet.

Ausgehend von einer ungenauen Problemstellung sollen die Gruppenteilnehmer irreale Zustände (Utopien, wie z. B. alle Hunde haben 6 Beine, können aufrecht gehen, leben bei +70 Grad C) erfinden. Dabei werden in einer ersten Phase die hauptsächlichen Gegebenheiten des Problems annahmehaft durch andere, auch völlig fiktive Möglichkeiten ersetzt. Dadurch erhält man ein vorstellungshaft verändertes, sozusagen „imaginäres Problem", zu dem in der 2. Phase Lösungen gesucht werden. Im dritten Schritt findet dann eine Übertragung der für die Utopien gefundenen Lösungen auf reale Probleme statt.

Durch dieses „force fit" (Übertragung der für die Utopien gefundenen Lösungen auf reale Probleme) ordnet man das imaginäre Brainstorming auch den Methoden der intuitiven Konfrontation zu.

Diskussion 66 (Methode 6 × 6, Sechsergruppen suchen 6 Minuten nach Ideen)

Die Methode 6 × 6, dem klassischen Brainstorming sehr verwandt, wurde ursprünglich eingesetzt, um Diskussionen im Anschluß an Vorträge und Reden zu aktivieren. Um auch große

Teilnehmerkreise bei Problemlösungen einbeziehen zu können, strebt man bei der Diskussion 66 (entwickelt von *Philipps*) einen steten Wechsel von Plenumsdiskussion und Kleingruppenarbeit an. Eine größere Gruppe wird daher in mehrere kleine Gruppen aufgeteilt. Die Gruppen sollten nicht mehr als sechs Teilnehmer haben.

Es wird allen Gruppen dieselbe komplexe, ungenaue Problemstellung vorgegeben. Dabei kann es sich sowohl um Such- als auch um Analyseprobleme handeln. Zur Bearbeitung des Problems in der Kleingruppe ist eine Zeit von sechs Minuten vorgesehen. Der Gruppensprecher trägt die Gruppenlösungen vor, die anschließend im Plenum diskutiert werden. Danach kann evtl. ein weiteres Problem oder Problemdetail in der Gruppe bearbeitet werden. Die Gesamtteilnehmerzahl kann bei dieser Methode nahezu beliebig groß sein.

Didaktisches Brainstorming (Little–Technik von Gordon)

Wesentliches Merkmal der für Gruppenarbeit geeigneten Little-Technik von Gordon ist, daß den Teilnehmern die genaue Problemstellung vorab nicht mitgeteilt wird. Nur der Moderator kennt diese zu Beginn der Gruppensitzung. Ziel ist es, daß die Problemstellung von den Teilnehmern erst im Verlauf mehrerer Sitzungen erarbeitet wird. Dadurch erreicht man eine intensivere Bearbeitung von Analyseproblemen. Durch die Ungewißheit über die genaue Problemstellung können auch weit entfernte Ideen entwickelt werden. Dies beugt einer zu frühen Einengung des Suchfeldes vor. Dagegen ist diese Methode für Suchprobleme nicht geeignet. Die Inkubation (Entfernung, Entfremdung) und der Abbau von Sperren wird bei der Little-Technik durch Ermüdung bewirkt.

Als spezifische Vorteile dieser Methode gelten:

- Der Mangel an Einschränkungen in der ersten Phase, der eine Einengung des Suchfeldes der Teilnehmer verhindert, ermöglicht eine sehr genaue Erarbeitung einer Problemdefinition.
- Es können auch weit entfernte Lösungsansätze entwickelt werden.

Der besondere Nachteil dieser Methode ist:

- daß für die Problemsuche extrem viel Zeit benötigt wird.

Das destruktiv–konstruktive Brainstorming

Das destruktiv-konstruktive Brainstorming wurde bei der Firma *General Electric* entwickelt. Die Methode ist der *Little*-Technik sehr ähnlich, jedoch vom Ablauf her umfassender. Bis zur Problemkonkretisierung ist der Ablauf der gleiche. Nach einer erfolgten Problemkonkretisierung erfolgt aber zusätzlich eine Beurteilung der Schwächen und Stärken einer derzeit denkbaren Lösung. Im Anschluß daran werden für die Schwachstellen der derzeitigen Lösung neue Lösungsansätze gesucht.

Nachteilig bei dieser Technik ist das Risiko, daß man sich in einem zu frühen Stadion auf einen Lösungsansatz fixiert und dann nur diesen weiter bearbeitet. Die Erweiterung des Lösungsfeldes, das durch die unpräzise Problemstellung gewonnen wurde, geht so wieder verloren.

Die „And – also"–Methode

Auch die „And-also"–Methode eignet sich zur Bearbeitung von Analyse- und Konstellationsproblemen. Generelles Prinzip dieser Technik ist, daß jeder Lösungsvorschlag erst mit der Gruppe diskutiert werden muß, bevor ein neuer geäußert werden darf.

Diese Diskussion widerspricht aber den wichtigsten Regeln des Brainstorming. Schnelles Assoziieren, das Ausschalten der Logik und Kritiklosigkeit sind bei der „And-also" – Methode damit nicht uneingeschränkt möglich. Die Methode ist deshalb nur beschränkt zu empfehlen.

Creative Collaboration Technique (Nachlese)

Ausgehend vom Ablauf des klassischen Brainstorming ist bei dieser Technik ein ständiger Wechsel zwischen Gruppen- und Einzelarbeit vorgesehen. Bei der Creative Collaboration Technique haben die Teilnehmer im unmittelbaren Anschluß an die klassische Brainstorming-Sitzung ca. 15 min. Zeit, alleine nachzudenken und Ideen aufzuschreiben. Durch diese Nachlese werden Ideen aus der Sitzung zusammengetragen, die einzelnen Teilnehmern erst später einfallen. Anschließend findet eine zweite Sitzungsrunde mit der Gruppe statt (mehrere Runden sind möglich).

Sukzessive Integration von Lösungselementen (SIL – Methode)

Grundgedanke: Die SIL (Systematische Integration von Lösungselementen) – Methode wurde 1980 von *Schlicksupp* entwickelt. Sie ist besonders zur Lösung komplexer Konstellationsprobleme geeignet.

Vorgehensweise: Die Abfolge dieser Methode, die Einzel-und Gruppenarbeit miteinander verbindet, kann wie folgt dargelegt werden:

1. Niederschreiben eigener, individueller und ausführlicher Lösungsvorschläge zum gestellten Problem durch jeden der 5 bis 7 Teilnehmer. Es sollten etwa 10 – 20 Minuten zur Verfügung stehen.
2. Vor der Gruppe werden zwei Lösungsvorschläge vorgetragen. Dabei erläutert zuerst der eine Teilnehmer seinen Lösungsansatz und dann der andere.
3. In Gruppenarbeit wird nun eine Idee entwickelt, die eine Kombination der Lösungselemente der ersten beiden Ansätze darstellt. Die zu entwickelnde Idee sollte möglichst die größten Vorzüge von beiden Lösungsansätzen enthalten und miteinander vereinen.
4. Sukzessive werden weitere positive Aspekte anderer Vorschläge von anderen Teilnehmern einbezogen. Voraussetzung der Einbeziehung ist, daß die Vorschläge in allen Belangen besser sind. Ansonsten entfällt die Einbeziehung.
5. Auf jeder weiteren Integrationsstufe soll die Lösung konkreter und genauer werden. Mehrere Runden können durchgespielt werden.

Vorzüge/Nachteile: Nachteilig ist zum einen die Fixierung auf die bereits vorhandenen Vorschläge, so daß das Suchfeld für ungewöhnliche Lösungen eingeengt ist. Zum anderen setzt die Methode gute Teamfähigkeit und einen erfahrenen Moderator voraus.

Durch die systematische Kombination der Lösungsansätze verwendet die SIL – Technik sowohl die intuitiven als auch die systematisch-analytischen Methoden. Sie liefert zwar ausgearbeitetere Lösungen als das klassische Brainstorming, dafür aber wesentlich weniger Ideenvorschläge.

Beispielhafte Darstellung des ausführlichen Ablaufplans der SIL – Methode nach *Schlicksupp* (1989)

1. Niederschreiben eigener ausführlicher Lösungsvorschläge zum gestellten Problem durch jeden der 5 – 7 Teilnehmer (max. jedoch 15 Personen). Es sollten in etwa 10 – 20 Minuten zur Verfügung stehen.
2. Bereitstellung einer ausreichend großen Visualisierungsfläche. Drei Pinnwände oder Flip-Charts im Format 200 * 150 cm. Fläche 1 trägt die Überschrift: Idee des Teilnehmers, Fläche 2: Vorzüge der Lösung, Fläche 3: Integrierte Lösung.
3. Teilnehmer 1 trägt seine Lösung der Gruppe vor, am besten auch auf einer Pinnwand oder einem Flip-Chart. Sofern keine Verständnisfragen bestehen, wird der Ansatz auf Fläche 1 übertragen (Zeichnungen sind ausdrücklich erwünscht).
4. Die Gruppe diskutiert über die Vorzüge der Lösung. Die Merkmale, Kriterien, die der Gruppe besonders gefallen, werden auf Fläche 2 notiert.
5. Der nächste Teilnehmer stellt seine Lösung vor. Die Vorgehensweise entspricht der des ersten Teilnehmers.
6. Aufgabe der Gruppe ist es nun, aus den besonderen Lösungsmerkmalen der beiden Teilnehmeransätze eine integrierte Lösung zu entwickeln. Sofern dies gelingt, wird die integrierte Lösung auf Fläche 3 notiert. Wenn dies nicht gelingt, weil die Lösungsansätze zu unterschiedlich sind, werden die Lösungsmerkmale für Nachfolgelösungen auf der Fläche 2 belassen.
7. Der Lösungsansatz des dritten Teilnehmers wird, entspre-

chend der anderen beiden, in die bereits angedeutete Idee zu integrieren versucht.
8. Ziel der Überlegung der Gruppe ist es, die Vorteile der Lösung 3 mit der integrierten Lösung 1 zu einer noch besseren integrierten Lösung 2 zu verbinden.
9. Die Vorgehensweise wird fortgesetzt bis alle Teilnehmeransätze integriert sind.

4.2 Methoden des Brainwriting

Methode 635

Grundgedanke: Die Methoden des Brainwriting, also der schriftlichen Ideenfindung, weisen als gemeinsamen Vorzug auf, daß sie die Nachteile der Gruppendiskussion vermeiden, wie sie bei den Methoden des Brainstormings auftreten können.

Die Methode 635, von dem Unternehmensberater *B. Rohrbach* (1969) entwickelt, zählt zur bekanntesten Methode des Brainwriting. Der Anwendungsbereich ist nahezu unbeschränkt. Die Technik eignet sich, ebenso wie das Brainstorming, besonders gut für abgegrenzte Suchprobleme, aber auch – mit gewissen Einschränkungen – für Analyse- und Konstellationsprobleme.

Vorgehensweise: Die Methode 635, bei der eine Gruppe von 6 Personen auf einfach zu erstellenden Formularen (Aufbau 3 Spalten und 6 Zeilen) jeweils in jede Zeile 3 Ideen in etwa 5 Minuten niederschreibt, läuft im einzelnen wie folgt ab:
1. **Definition des Problems.** Als erster Schritt wird ein vorgegebenes Problem analysiert und definiert. Hierbei ist besonders eine präzise Formulierung des Problems wichtig.
2. **Drei Lösungsvorschläge eintragen.** Jeder der sechs um einen Tisch versammelten Teilnehmer trägt auf einem Vorschlagssammelbogen (Aufbau: 3 Spalten, 6 Zeilen, vgl. Abb. 10) drei Lösungsvorschläge ein. Hierzu sind 5 Minuten vorgesehen.
3. **Formular an den Nachbarn weitergeben. Die Unterlage geht**

im Uhrzeigersinn herum. Der Nachbar nimmt die von seinem Vorgänger eingetragenen Lösungsvorschläge zur Kenntnis und trägt in die darunter befindlichen Felder drei weitere Lösungsansätze ein. Die Lösungen sollten in der Regel zwar eine (assoziierte) Weiterentwicklung der bestehenden Ansätze sein, es können jedoch auch völlig neue Vorschläge eingetragen werden. Nach weiteren 5 Minuten reicht jeder Teilnehmer sein jetziges Formular weiter. Die Methode 635 ist beendet, wenn jeder Teilnehmer jedes Formular bearbeitet hat.

4. **Auswertung.** Anschließend erfolgt die Analyse aller Vorschläge auf ihre Verwendbarkeit. Zur Ideengrobauswertung bietet es sich an, die sechs Formulare ein weiteres Mal in der Sitzungsgruppe herumzureichen. In einem ersten Durchgang könnte beispielsweise jeder Teilnehmer die drei oder vier ihm am erfolgversprechensten Vorschläge ankreuzen. In weiteren Durchgängen wäre die Anzahl weiter reduzierbar.

Bei einer Gruppe von 6 Teilnehmern lassen sich innerhalb einer halben Stunde maximal 108 ($6 \times 3 \times 6$) Lösungsvorschläge erzeugen.

Bei der praktischen Anwendung der Methode hat sich gezeigt, daß die Teilnehmerzahl ohne weiteres zwischen 4 und 8 variiert werden kann. Ebenso kann die zum Eintragen der Lösungsansätze vorgegebene Zeit flexibel gehandhabt werden. Es empfiehlt sich besonders bei den späteren Runden, wegen des zum Durchlesen der Vorgängeransätze wachsenden Zeitbedarfs, die Intervalle auf bis zu 8 Minuten auszudehnen. Während der Veranstaltung sollte ein Mindestmaß an Ruhe herrschen. Diese Forderung trifft auf alle schriftlichen Gruppenarbeiten zu. Auch auf das deutliche Schreiben der Ideen und verständliches Formulieren der Sätze sollte hingewiesen werden.

Die Methode 635 weist wesentliche Vorzüge auf. Viele der im nachstehenden genannten Vorteile und Nachteile treffen aber nicht nur auf diese Methode zu, sondern sind grundsätzliche Merkmale aller Methoden des Brainwritings. Im einzelnen sind als Vorteile zu nennen:

- Innerhalb kurzer Zeit kann eine große Zahl von Lösungsvorschlägen zuwege gebracht werden. Durch die Bildung paralle-

Vorschlagssammelbogen nach Methode 635

<table>
<tr><td colspan="3">Problem</td><td rowspan="3">Teilnehmer
1.
2.
3.
4.
5.
6.</td></tr>
<tr><td colspan="3">Präzise Formulierung eines Problems</td></tr>
<tr><td colspan="3"></td></tr>
<tr><td colspan="3">Lösungsvorschläge</td><td>von:</td></tr>
<tr><td>11</td><td>12</td><td>13</td><td rowspan="3"></td></tr>
<tr><td colspan="3">Jeder der 6 Teilnehmer gibt 3 Lösungsansätze</td></tr>
<tr><td>21</td><td>22</td><td>23</td></tr>
<tr><td>31</td><td colspan="2">32 Die Unterlage 33
geht im Takt herum.
Jeder führt jeden
Vorschlag weiter (5 mal)</td><td></td></tr>
<tr><td>41</td><td>42</td><td>43</td><td></td></tr>
<tr><td>51</td><td>52</td><td>53</td><td></td></tr>
<tr><td>61</td><td>62</td><td>63</td><td></td></tr>
</table>

Es folgt: Analyse aller Vorschläge auf Verwendbarkeit

Abb. 10: Vorschlagssammelbogen Methode 635

ler Gruppen kann die Zahl der Lösungsvorschläge, sowie die der am kreativen Geschehen Beteiligten, noch erheblich gesteigert werden.

- Durch die schriftliche Form des Ideenfindungsprozeßes werden Spannungen und Konflikte zwischen den Teilnehmern erheblich gehemmt.
- Es besteht kein Zwang zur Beteiligung.
- Die Problematik der Dominanz eines einzelnen, die beim Brainstorming auftreten kann, kommt wegen der gleichzeitigen Einbeziehung aller Teilnehmer nicht zum Tragen.
- An den Moderator werden außer der Zeitüberwachung keine hohe Anforderungen gestellt. Es ist daher nicht unbedingt ein gut geschulter Moderator notwendig.
- Aufgrund des Formulars ist kein Protokoll notwendig.
- Besonders geeignet für visuell veranlagte Personen.

Als spezifische Nachteile gelten:

- Lösungsansätze können für den Nachfolgenden mißverständlich sein, da keine Rückfragen möglich sind.
- Die Kommunikation ist eingeschränkter als bei den Brainstorming-Techniken.
- Kritikäußerungen sind nicht möglich.
- Jeder Teilnehmer kennt nur die Lösungsansätze, des ihm vorliegenden Blattes.
- Durch das vorgegebene Zeitintervall kann bei den Teilnehmern eine Streßsituation entstehen, die zu Denkblockaden und damit zu Leerfeldern oder Doppelnennungen führt.
- Doppelnennungen werden durch den Methodenablauf nicht ausgeschaltet.
- Es können Hemmungen bei der Niederschrift außergewöhnlicher Ideen entstehen, da der Verfasser an seiner Handschrift leicht erkennbar ist.

Beispiel 1

Die Abb. 11 zeigt beispielhaft einen ausgefüllten Vorschlagssammelbogen.

Aufgabenstellung: Ideen zur Gestaltung der Ausstattung von Wohnungen für alte und gebrechliche Menschen		
Keine Türschwellen (Rollstuhlfahrer)	Raumklimatisierung	Feste Notrufeinrichtung zu Polizei oder Krankenhaus ↓
Rutschfeste Bodenbeläge ↓	Lärmgeschützte Fenster	In allen Räumen Telefonanschlußdosen ↓
Weiche, dämpfende Fußboden (Stürze!) ↓	Fernbedienung für Licht (Ein/Aus) ↙ ↓	Notrufanlage zur Nachbarwohnung ↓
Gepolsterte Wand und Türkanten ↓ ↙ ↓	Leuchten mit Dämmerstufe (Nachtbeleuchtung)	Notrufklingel an der Badewanne
Funksprechanlage zur Haustür	Großzügige Balkons mit Pflanzenanlage	——
„Fahrstuhl-Briefkasten", der an das Fenster hochgefahren werden kann.	Automatische Schiebetüren	Kochherd mit automatischer Zeitausstellung

Abb. 11: Ein vollständig ausgefülltes 635-Formular (nach *TFH* 1992)

Beispiel 2
Einen weiteren ausgefüllten Vorschlagssammelbogen zeigt die Abb. 12.

Brainwriting Pool

Grundgedanke: Diese Brainwriting-Methode wurde von *Schlicksupp* (1977; 1989) auf der Grundlage der Methode 635 entwickelt. Der besondere Vorteil liegt zum einen in der schriftlichen Fixierung der Lösungsideen, wodurch die gruppenbezogenen Probleme, wie die Dominanz einzelner Teilnehmer und die Kritikäußerung, ausgeschlossen werden. Zum anderen werden die Nachteile der Methode 635 dadurch gelöst, daß man den Teilnehmern schon zu Beginn eine Auswahl von Lösungsansätzen zur Verfügung stellt, die Zeitbindung aufhebt und keine zahlenmäßige Begrenzung der Ideenvorschläge hat.

Vorgehensweise:
1. Schon vor der Sitzung wird auf die Mitte des gemeinsamen Arbeitstisches ein Formular mit Lösungsvorschlägen gelegt.
2. Jedem der vier bis sieben Teilnehmer werden Papierbögen mit der Problembeschreibung übergeben.
3. Die Teilnehmer notieren eigene Lösungsvorschläge auf ihr Blatt Papier. Eine Vorschrift für die Anzahl der Lösungen existiert nicht.
4. Statt des Weiterreichens von Teilnehmer zu Teilnehmer tauscht man sein Formular mit einem auf der Tischmitte befindlichen Formular aus.
5. Jeder Teilnehmer kann sich so, wenn ihm nichts mehr einfällt, in unregelmäßigen Abständen von allen Vorschlägen – auch mehrmals – anregen lassen und so seinen eigenen Arbeitsrhythmus entwickeln.

Als Ergebnis erhält man eine Vielzahl von Lösungsansätzen, die sich in vielfacher Weise aufeinander beziehen.

Genaue Definition des Problems (bitte gut leserlich schreiben)	Datum
Problem: Wie kann ich den Kunden mein Warenangebot trotz kleiner Schaufensterfront optimal präsentieren (Sportartikel, Sportkleidung)?	

Name	Müller	Martens	Sommer	Klauser	Schneider	Freder
	I = 3 Min.	II = 4 Min.	III = 5 Min.	IV = 6 Min.	V = 6 Min.	VI = 6 Min.
1. Vorschlag	attraktive Schaufenstergestaltung	darin Bedarfsbündel mit Verwendungszweck (z. B. alles für den Pferdesport) als Aktion	Bedarfsorientierung im Laden fortsetzen, erleichtert Kunden die Orientierung	Verbindung von Straßendekoration zu Bedarfsgruppendekoration	dabei mit wechselnden Lichteffekten arbeiten	und bewegte Dekoration nutzen
2. Vorschlag	Durch Entfernung einer Begrenzung Ladentiefe sichtbar machen	Ladentiefe durch gut sichtbare Warenaufteilung gestalten	Einsetzen von Spiegeln zur optischen Vergrößerung	Fernseh- oder Spiegelübertragung aus Obergeschoß direkt in das Frontfenster	Vitrinen und Verkaufsständer im Fußgängerbereich stärker einbeziehen	dabei mit Fotos anderer Warenbereiche mischen, auch Randsortiment
3. Vorschlag	in kurzen Abständen Spezialdekorationen	bei jeder Neudekoration eine andere Sportart wählen	Durch Aktionen (z. B. Autogrammstunden) Kunden in Laden bringen	Mit örtlichen Sportvereinen abstimmen, evtl. um Unterstützung bitten	Reiterverein: Woche des Pferdes; Wassersportverein: Woche des Tauchens usw.	Jeweilig Zielgruppe vor und während der Zeit durch Direktwerbung pers. ansprechen

Abb. 12: Ausgefüllter Vorschlagssammelbogen der Methode 635 (*Schömbs* 1976)

Delphi – Methode

Grundgedanke: Die Delphi-Methode, benannt nach dem klassischen Orakel in Delphi, wurde zu Beginn der sechziger Jahre in der RAND Cooperation entwickelt. Die erste umfassende Delphi-Studie führte 1964 der deutsch-amerikanische Mathematiker *Olaf Helmer* durch, der Angestellter bei der RAND Cooperation war (*Helmer* 1967). Es handelt sich bei dieser intuitiv – kreativen Methode um ein systematisches Verfahren der mehrmaligen Expertenbefragung.

Die Delphi-Methode eignet sich für die Vorhersage von Problemen mit komplexerer Art und größerer Unsicherheit, die sich auf die Zukunft beziehen und eine hohe Dynamik entwickeln. Eingesetzt wird diese Methode zum Beispiel zur Vorhersage technischer Veränderungen. Zur Vorhersage der für die wirtschaftliche Entwicklung und die Fortentwicklung der Unternehmen so bedeutsamen technischen Neuerungen eignen sich trendorientierte Prognosemethoden nicht. Den Neuerungen liegen Forschungs- und Entwicklungsergebnisse zugrunde, die nicht durch einen Trend in die Zukunft extrapolierbar sind.

Die Anwendung der Delphi-Methode empfiehlt sich immer dann, wenn für die gemeinsame Lösung eines Problems viele Experten in den Prozeß der Ideenfindung einbezogen werden sollen, die aber örtlich und auch zeitlich nicht zu einem Treffen zusammengebracht werden können.

Konkrete Fragestellungen, die mit Hilfe der Delphi-Methode gelöst werden können sind z. B. (Blohm 3/1979):

1. Forschungs- und Entwicklungsleistungen, von denen Experten wissen, und über deren Ergebnisse sie sich eine Meinung gebildet haben (z. B. Miniaturisierung mechanischer Bauelemente).
2. Neuerungen, die bisher durch ein ungelöstes technisches Problem gehemmt sind. Es bestehen eventuell Ahnungen, wann und wie dieses Problem gelöst werden kann (z. B. Einsatz des Elektroautos, welches wesentlich von der Entwicklung eines leistungsfähigen Energiespeichers abhängt).
3. Von gesetzlichen Vorschriften blockierte technische Gestaltungsmöglichkeiten.
4. Technische Entwicklungen, die durch gesetzliche Vorschrif-

ten erzwungen werden (Kraftfahrzeuge, die nur noch 5 l verbrauchen dürfen).

Vorgehensweise: Die Merkmale der herkömmlichen Delphi-Methode (auch Standard Delphi-Methode genannt) sind:

Die Delphi-Methode zeichnet sich durch eine getrennte und formalisierte Befragung mehrerer Experten über ein vorgegebenes Problem aus. Diese Befragung wird zumeist in mehreren Runden durchgeführt. Die Ergebnisse werden durch eine sogenannte Monitorgruppe zentral analysiert und methodisch ausgewertet. Mit der Durchführung der Befragung kann die vorher gestellte Aufgabe gelöst sein. Die Ergebnisse können jedoch auch Ausgangspunkt für die Anwendung anderer Methoden sein. Wesentliche gemeinsame Merkmale der herkömmlichen Delphi-Methode sind damit:

- Die Auftraggeber- und die Monitorgruppe (sind zumeist identisch).
- Die anonyme Expertengruppe (die Experten sind nur den Auftraggebern bzw. der Monitorgruppe bekannt).
- Der formalisierte Fragebogen.
- Die intuitiv von den Experten zu gebenden Antworten.
- Die Bildung eines statistischen Gruppenurteils sowie die von den Experten vorzunehmende Begründung ihrer Ansichten.
- Standard-Feedback.
- Mehrstufige Befragung, bis ein stabiles (gemeinsames) Gruppenurteil gefunden ist.

Die herkömmliche Delphi-Methode läuft im Regelfall wie folgt ab:

I. Vorbereitungsphase

- **Formulierung der Fragebögen.** Der Fragebogen sollte möglichst nicht mehr als 50 geschlossene oder offene Fragen beinhalten (im Unterschied zu einer geschlossenen Frage können bei einer offenen Frage eigene Anmerkungen vorgenommen werden. Bei geschlossenen Fragen ist beispielsweise dagegen nur Ja oder Nein anzukreuzen).
- Die Monitorgruppe ist für die problem- und situationsgerechte Organisation und Durchführung der abgeleiteten Ergebnisse verantwortlich.

- **Auswahl der zu befragenden Experten.** Dies sollten anerkannte Experten auf dem zu untersuchenden Gebiet sein. Es kann sich dabei auch um Fachleute verschiedener Teilgebiete eines größeren Problemkreises handeln, wie Technik, Soziologie, Betriebswirtschaft, Psychologie, öffentliche Verwaltung. Die Fachleute werden angeschrieben und um Teilnahme gebeten (oder im Unternehmen direkt zur Teilnahme eingeladen). Zumeist werden zwischen 20 und 100 Experten oder bekannte Persönlichkeiten befragt. Bei unternehmensbezogenen Fragestellungen sollten zumindest 8 Experten einbezogen werden.

II. Durchführungsphase

- **Erste Befragung.** Das Problem, zumeist in mehrere Teilfragen zerlegt, wird den Experten getrennt zur Stellungnahme vorgelegt (zugesandt). Dabei wird niemandem bekanntgegeben, wer die anderen befragten Experten sind. Hierdurch wird die Unabhängigkeit der Stellungnahmen gewährleistet.
- **Erste Analyse.** Die erhaltenen Antworten werden von der Monitorgruppe zusammengefaßt, verglichen und ausgewertet. Ergibt sich bei den Antworten schon eine Übereinstimmung, ist die Delphi-Befragung beendet und das Ergebnis wird formuliert. Ergeben sich bei der Auswertung Abweichungen der Antworten, folgt eine weitere Runde (ggf. mehrere).
- **Zweite Befragung.** Mit vorausgehender Bekanntgabe der Ergebnisse der ersten Befragung an die Teilnehmer, erfolgt eine zweite Fragerunde. Die Fragen bleiben von Runde zu Runde unverändert.
- **Zweite Analyse** der Befragungsergebnisse.
- **Eventuell dritte und vierte Befragungsrunde** (es hat sich eine übliche Rundenzahl von drei bis vier als ausreichend herausgestellt).

III. Phase der Ergebnisformulierung

Bewertung: Als Vorteile der Delphi-Methode sind zu nennen:

- Statistische Analysen der Antworten sind möglich.
- Für die Methode spricht, daß ein Großteil von Vorhersagen über technische Entwicklungen schon immer von Expertengruppen getroffen wurden.

- Durch den Einsatz dieser Kreativitätsmethode wird das Ausschalten von gruppendynamischen Effekten erreicht, wie z. B. Sympathie, Antipathie, Beredsamkeit oder Autorität, die das Ergebnis der offenen Diskussion verfälschen können.
- Durch den Einsatz des Fragebogens wird eine offene Diskussion vermieden. Dies hat den Vorteil, daß keine Einzelperson dominieren kann, keine Profilierung des Einzelnen erfolgt und die Scheu, einmal vertretende Ideen korrigieren zu müssen, entfällt. Ziel der Korrekturen durch mehrere Fragerunden ist es, ein möglichst einheitliches Urteil der Expertengruppe zu erreichen. Ursprüngliche Urteile, die auf wenigen oder falschen Fakten bzw. Mißverständnissen in der Problemstellung beruhten, können somit ausgeschaltet werden.
- Anonymität.
- Weitgehende Ort-Zeit-Ungebundenheit der Befragung.

Als wesentliche Nachteile der Delphi-Methode gelten:

- Auch bei dieser Methode bleibt der generelle Nachteil intuitiver Methoden bestehen. So hat die Ergebnisbeeinflussung durch persönliche Interessenlagen tendenziell Bestand.
- Eine Abstimmung zwischen den Experten findet nicht statt.
- Als Problem könnte sich unter Umständen erweisen, die Bereitschaft der Experten zur Mitarbeit zu erlangen.

Anwendungshilfen für die Praxis

- Wichtig ist die sehr sorgfältige Vorbereitung des Fragebogens. Die Gefahr von Mißverständnissen und unterschiedlicher Auffassung ist, wie bei allen schriftlichen Befragungen, sehr groß. Es sollten daher globale Fragestellungen vermieden werden. Das Problem ist vielmehr durch detaillierte Fragen genau zu formulieren. Es empfiehlt sich, vor Herausgabe des Fragebogens eine Testbefragung durchzuführen.
- Wie erwähnt, kommt der Auswahl einer möglichst repräsentativen Expertengruppe eine hohe Bedeutung bei. Das Problem besteht oft darin, daß ohne externe Teilnehmer nicht die notwendige Repräsentativität erreicht werden kann, andererseits bei Delphi-Sitzungen oft firmeninterne Probleme behandelt werden sollen. Dies kann zu Zielkonflikten führen.
- Zur besseren Auswertung durch die Entscheider ist bei den

Antworten darauf zu achten, daß neben der Vorhersage auch eine genaue Begründung geliefert wird, so daß die Lösungsansätze später nachvollzogen werden können.

- Wegen der Anonymität der Befragung besteht die Gefahr eines nicht genügenden Leistungsanreizes bei der Beantwortung. Durch zusätzliche Motivation der Expertengruppe vor Beginn kann eine deutliche Verbesserung der Ergebnisse erreicht werden.

Die Delphi-Befragung von Olaf Helmer

Wie oben dargelegt, wurde die erste umfassende Delphi-Befragung von *Olaf Helmer* 1967 durchgeführt. Hierzu verschickte *Helmer* Fragebögen an 150 Persönlichkeiten, Wirtschaftler, Ingenieure, Mathematiker, Offiziere, Unternehmensberater, Physiker, Soziologen und fünf Schriftsteller (*Helmer* 1967). Von den 150 angeschriebenen Persönlichkeiten erklärten sich 81 bereit, bedeutende größere wissenschaftliche Umwälzungen und Erfindungen zu nennen. Konkret sollten Beispiele benannt werden, die von den jeweiligen Persönlichkeiten in den sie besonders interessierenden Gebieten sowohl dringend notwendig als auch innerhalb der nächsten fünfzig Jahre als realisierbar erschienen (Fragestellung der ersten Runde).

Für eine zweite Befragungsrunde wurden die Ergebnisse von Helmer ausgewertet und aufgelistet. Anschließend übersandte er den Teilnehmern die ausgewerteten Ergebnisse mit der Bitte, anzugeben, für wie wahrscheinlich jeder in welchem Zeitraum die Verwirklichung der einzelnen Erfindungen und bedeutenden Entdeckungen halte.

Nach Auswertung der zweiten Fragerunde wurden den Experten die Ergebnisse wiederum übersandt. Sie sollten sich nun noch einmal zu denjenigen erwarteten Ereignissen äußern, über deren Eintrittswahrscheinlichkeit bisher noch keine genügende Übereinstimmung erzielt werden konnte.

Nach einer vierten, wiederum auf Einigung abzielenden Befragungsrunde stellte *Helmer* über sechs verschiedene Gebiete Tabellen zusammen, welche die Zukunft zeichneten.

Helmer äußerte sich hoffend, aber nicht ohne Zweifel, daß die Prognosen eintreten werden. Wenn auch vieles, was vorhergesagt wurde nicht eingetreten ist, so wurde beispielsweise die für die Jahrzehntwende 1970 vorausgesagte Antibabypille richtig eingeschätzt. Allerdings schätzten die Experten wichtige Ereignisse falsch ein. So müßte selbst nach Schätzung der vorsichtigsten Experten ein automatischer Dolmetscher seit 1978 zur Verfügung stehen, wirtschaftlich arbeitende Meerwasserentsalzungsanlagen gäbe es seit mehr als 15 Jahren, ebenso synthetische Baustoffe, und seit 1985 hätten wir eine zuverlässige Wettervorhersage. Auch eine Neuordnung der physikalischen Theorien war für 1980 vorhergesagt.

Die Ergebnisse der Befragung von *Helmer* für den Teilbereich Automation sind zusammenfassend in Abb. 13 aufgeführt.

Delphi-Befragung in der Praxis

Seit der ersten Delphi-Untersuchung sind einige Jahre vergangen. Ursprünglich lag das Hauptanwendungsgebiet nur im Bereich der Vorhersage des technischen Fortschritts (die Delphi-Methode zählte zu den Methoden des Technological Forecasting, *Schwander* 1977). Die Anwendung wurde immer dann als vorteilhaft angesehen, wenn Entwicklungen nicht eindeutig quantifizierbar waren und die Meinung von Experten nötig wurde. Hier hat sich jedoch ein Wandel vollzogen. Nach und nach wurde das Anwendungsgebiet auch auf soziale, politische und unternehmerische Probleme ausgedehnt. Seitdem hat sich die Methode – besonders bei größeren Unternehmen – mehr verbreitet und wichtige Erfahrungen konnten gesammelt werden. Nach einer Untersuchung von *Brockhoff* (1974) bei den 200 umsatzstärksten Unternehmen der Bundesrepublik Deutschland wurde die Delphi-Methode vierzehn Mal langfristig (1 Jahr) und drei Mal kurzfristig eingesetzt. Zehn Mal war davon das Anwendungsgebiet der Bereich Forschung und Entwicklung und sieben Mal der Absatzbereich. In kleineren und mittleren Unternehmen ist der Verbreitungsgrad dagegen immer noch gering. So konnte bei einer Untersuchung von *Bamberger/Mair* (1976)

	Jahr	1970	1980	1990	2000	2010	2020	nie
1	Verzehnfachung von Investitionen der Computer für Fertigungssteuerung							
2	Luftverkehrsüberwachung durch gleichzeitiges Erfassen aller Flugbewegungen							
3	Direkte Verbindung zwischen Geschäften und Banken							
4	Verbreitete Anwendung einfacher Lehrautomaten							
5	Automation der Büro- und Hilfsarbeiten Arbeitskräfteverminderung um 25%)							
6	Weiterbildung als angesehene Freizeitbeschäftigung							
7	Verbreitete Anwendung komplexer Lehrautomaten							
8	Automatisierte Bibliotheken, die Stoff auswählen und vervielfältigen							
9	Automatisches Nachschlagen juristischer Vorgänge							
10	Automatische Fremdsprachenübersetzung mit korrekter Grammatik							
11	Automatisierter Durchgangsverkehr							
12	Computerentscheidung auf Führungsebene (Industrie, Regierung)							
13	Elektronische Prothesen (Radar für Blinde, Gliedmaßen mit Servomechanismus)							
14	Automatisierte medizinische Diagnose							
15	Fließbandfertigung von Computern mit Motivation durch Erziehung							
16	Roboter für Müllbeseitigung, im Haushalt, als Kanalisationskontrolle							
17	Computer für die Steuererklärung bei freiem Zugang zu allen Unterlagen							
18	Maschine, die bei normalen Intelligenztests mit mehr als 150 abschneidet							
19	Entwicklung einer Universalsprache aus automatiosierter Kommunikation							
20	Automatische Abstimmungen (Regierung durch Volksentscheide)							
21	Autobahnen für automatisches Fahren, Selbststeueranlagen							
22	Zeitungs- und Zeitschriftendruck zu Hause							
23	Symbiose zwischen Mensch und Maschine							
24	Existenzminimum für die Weltbevölkerung durch Automatisierungserfolge							
25	Zentral gesteuertes Abhören von Telefongesprächen							

Abb. 13 Ergebnisse der Delphi-Methode (aus: *Albach*, 1976)

bei zumeist kleineren und mittleren Unternehmen nur ein geringer Verbreitungsgrad (lediglich acht Unternehmen und Institutionen) der Methode zur Kreativitätsförderung, Prognose bzw. Konsensbildung festgestellt werden. Der Haupteinsatzbereich liegt immer noch in den USA.

Im Gegensatz zum geringen Verbreitungsgrad der Methode bei kleineren und mittleren Unternehmen eignet sich die Methode, deren Vorhersagequalitäten höher eingeschätzt werden als die von Einzel- und unstruktuierten Gruppenurteilen, sehr gut für den Unternehmensalltag. Die Delphi-Methode paßt sich gut in die Unternehmenspraxis ein und kommt ihr entgegen, da die Mehrzahl der Vorhersagen über technische Prognosen schon immer von Expertengruppen in Unternehmen vorgenommen wurde; wobei auch hier die Meinungsbildung in einem iterativen Prozeß stattfindet. Der wesentliche Vorteil (vgl. oben) gegenüber den herkömmlichen Expertengesprächen liegt in der Anonymität der Befragung. Die Delphi-Methode läßt sich isoliert oder aber auch in Kombination mit anderen Methoden einsetzen.

Die Kärtchen-Befragung

Bei der Kärtchen-Methode wird eine Gruppe von Teilnehmern (5 – 8 Teilnehmer, 15 Teilnehmer sollten maximal mitarbeiten) mit einem ungenauen Such- bzw. Analyseproblem konfrontiert. Dazu erhält jeder Teilnehmer eine genügende Anzahl DIN-A-7 Kärtchen, auf die er anonym alle Lösungsansätze oder seine Kritik schreibt. Die Kärtchen werden vom Moderator nach ca. zehn Minuten eingesammelt und grob nach verschiedenen Kriterien geordnet. Anschließend wird mit der Gruppe über die Lösungsansätze diskutiert und eine genauere Lösung entwickelt.

Es gelten in etwa die gleichen Vorteile und Nachteile, wie bei der SIL- Methode. Auch hier ist eine räumliche und zeitliche Trennung der Teilnehmer möglich, jedoch nur für die erste Phase. Durch das Zusammenkommen der Teilnehmer in der zweiten Phase ist die Nutzung der gruppendynamischen Effekte möglich.

METAPLAN-Technik

Grundgedanke: In Anlehnung an die Kärtchen-Befragung wurde von den Gebrüdern *Schnelle* die Metaplan-Technik entwickelt (*Cloyd* 1973; *Schnelle* 1978). Sie wurde im Rahmen der Unternehmensberatungstätigkeiten des Quickborner Teams (die Metaplan GmbH hat ihren Firmensitz in Quickborn) erarbeitet und anschließend vermarktet. Die Metaplan-Technik als Werkzeug für Problemlösungskonferenzen oder -besprechungen ist durch planmäßige Visualisierung aller Arbeitsschritte gekennzeichnet. Dazu hat die Metaplan neben dem eigentlichen Arbeitsmaterial, wie Hefttafeln, Pappkärtchen verschiedener Formen, Farben und Größen und entsprechendem Schulungsmaterial ganze Gruppenarbeitsraumeinrichtungen entwickelt und vermarktet.
Die Metaplan-Technik ist mehr als eine Technik zum Sammeln und zur Visualisierung und Strukturierung von komplexen Problemen. Vielmehr kann sie als eine Art Philosophie verstanden werden, die bei den Störfaktoren konventioneller Konferenzen und Besprechungen ansetzt und durch eine umfassende Konzeption an Verhaltensregeln, Visualisierungsprinzipien sowie Strukturierungsvorschlägen für den Sitzungsablauf und Empfehlungen für den Moderator geprägt ist.

Wesentliche Merkmale der Metaplan-Technik sind neben der Visualisierung der Beiträge die interaktive Gruppenarbeit und eine gute Moderation. Anders als beim Brainstorming wird hier nicht durch Diskussion nach Lösungsideen gesucht, sondern durch eine spezielle Gruppenfragemethode, bei der offene und anreizende Fragen einen größeren Horizont bei der Problemlösung eröffnen sollen. Zudem sind hier hierarchische Unterschiede der Teilnehmer erwünscht, die aber durch die Techniken des Moderators wirkungslos gemacht werden sollen.

Der Einsatz der Metaplan-Technik ist vor allem dort anzuraten, wo eine mündliche Ideensammlung (wie z. B. beim Brainstorming) zu viel Zeit in Anspruch nehmen würde bzw. wo der Ablauf ansonsten nur in der Form einer rigiden Konferenz möglich wäre. Ihr Einsatz ist aber auch in Kleingruppen von wenigen Personen möglich. Die Kreativitätsmethode lebt von der gehobenen Stimmung der Teilnehmer und erinnert in ihrem Ablauf an eine gute Show. Gerade wegen des sehr spektakulären und unkonventionellen Ablaufs wird die Metaplan-Technik in Industrie und Politik erfolgreich eingesetzt.

Vorgehensweise und besondere Regeln: Es existieren zwei wichtige Regeln:

1. Butler-Regel. Die Regel besagt, daß jeder Sitzungsteilnehmer genauso Mitdenker ist, wie auch Helfer. So sind die Teilnehmer z. B. auch dafür zuständig, Arbeitsmaterial oder Getränke bereitzustellen.
2. 30-Sekunden-Regel. Diese Regel besagt, daß kein Redebeitrag länger als 30 Sekunden dauern darf. Während eines Beitrags dürfen die anderen Teilnehmer aber ihre eigenen Ideen an der Pinnwand befestigen.

Vorgehensweise: Der Ablauf ist, hier verkürzt dargestellt, wie folgt:

1. Der Moderator nennt der Gruppe das Problem bzw. Thema und teilt das Arbeitsmaterial, wie Kärtchen und Filzstifte, aus.
2. Die Teilnehmer schreiben in Schlagworten ihre Ideen, Kritiken, Vorschläge, Meinungen auf mehrere Karten (je Idee eine Karte). Hierfür stehen nur wenige Minuten zur Verfügung.
3. Nach der anonymen Ideensammlung durch die Teilnehmer werden die Kärtchen ungeordnet an eine Tafel (größere Pinnwand) geheftet. Zur schnelleren Abfolge können auch schon während der Bearbeitung Kärtchen angeheftet werden.
4. Unter der Leitung des Moderators sucht die Gruppe nach Oberbegriffen für die auf den Kärtchen genannten Ideen und ordnet die Kärtchen entsprechend der Oberbegriffe an.
   Es werden alle Karten genommen, keine wird weggelassen!
5. Die ermittelten Themenschwerpunkte werden in kleineren Gruppen bearbeitet (eventuell auch per Kärtchenabfrage) und anschließend der gesamten Gruppe zur Weiterentwicklung vorgetragen.

Wesentliches Merkmal der Metaplan-Philosophie ist, daß das strukturierte Tafelbild über die Sitzungszeit hinaus beibehalten wird. Ziel dieser Vorgehensweise ist es, auch anderen die Informationen zugänglich zu machen und bei einem Fortsetzungstermin die Ideen noch präsent zu haben.

Der Visualisierung kommt bei der Metaplan-Technik eine hohe Bedeutung zu. Bei der Kartengestaltung sollte daher folgendes berücksichtigt werden:

- große Schrift,
- eine Karte pro Äußerung,
- max. 3 Zeilen auf eine Karte.

Die Metaplan-Technik weist folgende spezifische Vorteile und Nachteile auf:

- Durch die Methodik ist eine gleichberechtigte Beteiligung der Teilnehmer möglich.
- Durch die Ergebniskartentechnik können die Lösungsvorschläge leicht umgehangen, ergänzt und geändert werden.
- Durch die spezielle Form der Gruppenarbeit wird eine hohe Motivation der Teilnehmer erreicht.
- Ideen gehen nicht verloren, da die Kärtchen bis zum Ende an der Tafel verbleiben.
- Die Technik ist zur sukzessiven Entwicklung von Problemen gut geeignet.
- Ein für größere Gruppen vergleichsweise geringer Zeitaufwand.
- Nachteilig sind – neben den alle intuitiven Methoden betreffenden Mängeln – die hohen Kosten bei Verwendung einer externen Hilfe.
- Auch ohne externe Hilfe ist zumindest ein sehr gut geschulter Moderator notwendig.

Beispiel einer Metaplan Anwendung:

1. **Schritt.** Zum Problem: „Was stört Sie an Einkaufsmärkten" werden beispielsweise folgende Karten an der Tafel gesammelt (vgl. Abb. 14):

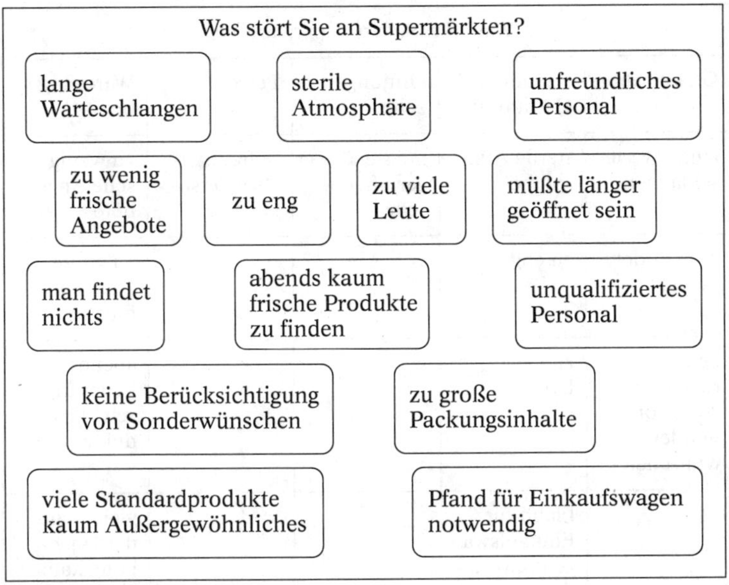

Abb. 14: Erarbeitete Ideen

2. Schritt. Für die vorher anonym ermittelten Vorschläge der Teilnehmer werden nun gemeinsam Oberbegriffe gebildet. Beispielsweise die Oberbegriffe:

- Organisation,
- Räumliche Gestaltung,
- Öffnungszeiten,
- Personal,
- Warenangebot.

3. Schritt. Die vorher ermittelten Karten werden nun den Oberbegriffen zugeordnet (vgl. Abb. 15):

4. Schritt. Die erarbeiteten fünf Problemschwerpunkte können nun in kleinen Arbeitsgruppen gezielt bearbeitet werden und so Lösungsansätze gefunden werden.

Was stört Sie an Supermärkten				
Organisation	Räumliche Gestaltung	Öffnungszeiten	Personal	Warenangebot
lange Warteschlangen	sterile Atmosphäre	müßte länger offen sein	unfreundliches Personal	zu wenig frische Angebote
man findet nichts	zu eng			zu große Packungsinhalte
keine Berücksichtigung von Sonderwünschen	zu viele Leute			abends kaum frische Produkte
	Pfand für Einkaufswagen notwendig			viele Standardangebote, kaum Außergewöhnliches

Abb. 15: Mängel von Supermärkten

Idea-Engineering

Eine weitere Fortentwicklung der Kärtchen-Befragung ist die Idea-Engineering – Technik. Sie ist zur Lösung von Analyse- und Konstellationsproblemen bei komplexer, ungenauer Problemstellung geeignet.

Bei dieser Kreativitätstechnik wird das Hauptproblem in einer mündlichen Phase in Teilprobleme zerlegt. Die zentrale Fragestellung lautet: Wie ist das Problem entstanden? Anschließend werden die Ursachen des Problems analysiert, in Fragen umgeschrieben und auf Kärtchen notiert. Für die Fragen werden Lösungsansätze erarbeitet und anschließend bewertet. Es hat sich als vorteilhaft herausgestellt, die Bewertung durch Experten vorzunehmen. Der Ablauf ist gekennzeichnet durch einen stetigen Wechsel zwischen schriftlicher und mündlicher Bearbeitung. Dieser Wechsel vereint die Vorteile der Gruppenarbeit mit den Vorteilen des Brainwritings, leider auch teilweise deren Nachteile.

Collective- Notebook Methode

Für abgegrenzte Such- und Konstellationsprobleme eignet sich die Collective-Notebook Methode (entwickelt von *Haefele*), die insbesondere auch in Einzelarbeit durchgeführt werden kann.

Die Vorgehensweise umfaßt die drei wesentlichen Ablaufschritte:

1. Es werden Notizbücher mit der genauen Problemstellung verteilt.
2. Die Teilnehmer werden aufgefordert, schriftlich eine eigenständige Problemanalyse durchzuführen und zu brainstormen. So sollen die Teilnehmer über einen gewissen Zeitraum (z. B. über 2 – 3 Wochen) z. B. ein- oder mehrmals täglich, spontane Einfälle niederschreiben. Sowohl die Teilnehmerzahl als auch der Zeitraum sowie die tägliche Zeit zum niederschreiben der Ideen sind variabel anwendbar.
3. Die Lösungsvorschläge werden anschließend gesammelt und ausgewertet.

Ein besonderer Vorteil dieser Technik liegt in der örtlichen und zeitlichen Unabhängigkeit der Teilnehmer während der intuitiven Phase.

Die Trigger-Technik

Die Trigger-Technik, von *Muller* entwickelt, entspricht annäherungsweise dem klassischen Brainstorming. Nur dürfen hier während der Diskussion Notizen gemacht werden (je nach Abwandlung der Technik soll z. B. pro Karte eine Idee aufgeschrieben werden). Zudem finden mehrere Runden statt, in denen die aufgeschriebenen Lösungsansätze weiterentwickelt werden.

Durch mehrfaches Wiederholen wird so eine größere Anzahl von Ideen erzeugt.

4.3 Methoden der intuitiven Orientierung

Heuristische Prinzipien (Benutzung von Spornfragen)

Grundgedanke: Diese Kreativitätstechnik soll das individuelle Bearbeiten von gut abgegrenzten Konstellationsproblemen erleichtern.

Der Problemlösende geht von einem Lösungsansatz aus und bearbeitet diesen mit Hilfe der Spornfragen von Osborn. Grundgedanke dabei ist die Anwendung einer Anzahl bestimmter Fragen, die kreatives Denken anspornen sollen. Besonders geeignet ist die Methode für Probleme, deren Ziel die Veränderung eines Produkts, Verfahrens etc. ist und nicht die Findung einer völlig neuen Lösung bzw. Idee.

Durch die Verwendung von Spornfragen wird erreicht, daß die erzeugten Ideen die Mannigfaltigkeit möglicher Veränderungen voll ausleuchten. Die Spornfragen lassen sich, wie oben erläutert, in eine begrenzte Anzahl von Kategorien gliedern. Im einzelnen sind dies:

- Vergrößerung,
- Umgruppierung,
- Umkehrung,
- Zweckänderung,
- Verkleinerung,
- Kombination,
- Substitution,
- Imitation.

Praxisbeispiel: Es soll anhand der ersten vier Kategorien von Spornfragen das Problem betrachtet werden, auf welche Arten die Bahn als Verkehrsmittel verbessert werden kann.

Kategorie: Vergrößerung
Kann der Zug größer gemacht werden ? (Super ICE?) Länger? Weiter? Höher? Mehr Sitze? Mehr Komfort? Mehr Toiletten? Größere Sicherheit? Schneller? Mehr Türen? Größerer Speiseraum? Größere Betten?

Kategorie: Verkleinerung
Kann er kleiner gemacht werden? Leichter? Leiser? Kleinere Motoren? Weniger Innenausstattung? Keine Mahlzeiten? Geringeres Speiseangebot? Geringere Kompliziertheit in der Bedienung?

Kategorie: Umgruppierung
Sitze umgruppieren? Betten in den Schlafwagenabteilen umgruppieren? Antriebsaggregate nach vorn? Nach oben? Nach hinten? 1. Klasseabteil nach vorn? Nach hinten?

Kategorie: Kombination
Kopfhörer im Sitz? Mit Kino kombinieren? Mit Einkaufsläden kombinieren? Mit Spielkasino? Mit Post an Bord? Mit Sprachschule?

Suchfeldauflockerung

Grundgedanke: Die Betrachtung des Problems aus einer anderen Perspektive und die Beachtung verschiedener Funktionsbereiche stehen im Vordergrund der Technik der Suchfeldauflockerung. Sie eignet sich besonders zur Lösung von Analyseproblemen mit ungenauer Problemstellung.
Vorgehensweise: Das Problem wird nach unterschiedlichen Aspekten durchleuchtet, indem die Problemstellung im ganzen oder Elemente der Problemstellung getrennt voneinander abgewandelt werden. Dies erfolgt durch:

- semantische oder syntaktische Umformulierung,
- das Suchen sinnverwandter Ausdrücke,
- die Übersetzung in andere Sprachen,
- die Erklärungsversuche des Problems durch fachfremde Personen und
- graphische bzw. symbolische Darstellung.

Methode der Problemsicht nach dem Weitwinkelprinzip

Ausgangspunkt der Kreativitätstechniken ist das vorhandene Problem und bereits die Art der Problembetrachtung ist entscheidend für die Gewinnung kreativer Lösungsansätze. Eine falsche

Betrachtungsweise des Problems kann viele Ideen schon im vorherein ausschließen. Es sollte daher bereits bei der Anschauung des Problems sehr sorgfältig vorgegangen werden. Grundsätzlich lassen sich zwei fehlerhafte Betrachtungsweisen eines Problems (falsche Problemansichten) unterscheiden:

Entweder wird es in einer zu engen oder in einer zu weiten Perspektive gesehen. Beide schränken die Kreativität ein, aber eine zu enge Sicht des Problems führt wesentlich seltener zu einer Lösung als eine zu weite. Die letztere wird zumeist bald erkennbar.

Folgendes Beispiel (*Stuhr* 1969) zeigt, wie eine von Anfang an zu enge Sichtweise Lösungsmöglichkeiten ausschließt:

Die Luftwaffenführung der U.S.A. erhielt während des 2. Weltkrieges häufig Meldungen, daß bis zur Einsatzfähigkeit der Maschinen zu lange Zeit vergehe. Das Problem bestand darin, daß beim Herausfahren der Maschinen aus den Flugzeughallen kostbare Zeit verging.

Ingenieure und Techniker wurden daraufhin beauftragt, für ein schnelleres Herausfahren der Maschinen aus den Hallen zu sorgen (Ziel). Die Lösungsversuche erstreckten sich, bezogen auf das angegebene Ziel, zuerst auf:

- eine Anordnung der Maschinen im Hangar nach dem Schachtelprinzip,
- Konstruktion und Bedienung der Hallentüren,
- Einsatz eines Spezialschleppers.

Die Lösungen befriedigten jedoch nicht. Erst als das Problem in Frage gestellt wurde und eine neue Sichtweise vorgeschlagen wurde, nämlich: **Das zu langsame Klarmachen zum Start**, erweiterte sich auch die Zieleinsicht, die jetzt hieß: **Die Maschinen schneller startklar zu bekommen**. Als Lösung wurde jetzt die fahrbare Flugzeughalle entwickelt, die beim Start einfach weggerollt wurde, wodurch die Maschinen nun wesentlich schneller aufsteigen konnten.

Vermeidung von Denkblockaden

Oft führen unsere über Jahre sich herausgebildeten Denkgewohnheiten zu einer Einengung des Vorstellungsvermögens (Denkblockaden). Die Fähigkeit, schöpferische Wege zur Problemlösung zu finden, wird damit jedoch entschieden beeinträchtigt. Als Hauptursachen von Denkblockaden sind zu nennen:

I. Fixierung der Erstansicht eines Problems

Als Beispiel dient folgendes Experiment:

Man nehme sechs Streichhölzer und lege Sie zu einem regelmäßigen Sechseck, einem Hexagon, zusammen. Dann stelle man jemanden die Aufgabe daraus zwei Vierecke zu machen, indem man zwei Hölzchen verschiebt und ein siebentes darzulegt. Und wer die Aufgabe gelöst hat, kann mit zwei weiteren Hölzchen an die zwei Vierecke ein drittes anlegen. Das Ergebnis sieht aus wie eine Kiste.

Nun nehme man noch einmal sechs Streichhölzer und lege sie verstreut auf den Tisch. Diesmal geht es darum, die sechs Hölzer so anzuordnen, daß insgesamt vier gleichseitige Dreiecke entstehen. Natürlich darf bei allen Aufgaben keines der Streichhölzer sich mit einem anderen kreuzen, geknickt, durchgebrochen oder der Länge nach gespalten werden (vgl. Übungsaufgabe 53).

Wer das Problem so akzeptiert, wie es sich darlegt, muß wahrscheinlich scheitern (Fixierung der Erstansicht). Wer sich dagegen von seiner Denkblockade der Erstansicht frei machen kann und das Problem in einer neuen Perspektive sehen kann, wird es leicht lösen (Auflösung siehe Seite 192).

II. Fixierung erlernter Lösungen

Wurden bestimmte Probleme mehrmals auf eine bestimmte Weise erfolgreich gelöst, neigt der Mensch dazu, die erlernte Lösung auf alle künftigen – wenn auch nur ähnlichen – Probleme anzuwenden. Beispiel: Wir haben gelernt, daß Kraftfahrzeuge, Anhänger und Marktbudenanhänger in etwa eine rechteckige Bauform aufweisen. Die Entwicklung neuer Marktbudenanhänger beschränkte sich bis vor einigen Jahren auf Verbesserungen, wie anderes Karosseriematerial, weniger Gewicht etc. bei jedoch gleicher Bauform. Erst die Überwindung der Denkblockade „Verkaufsanhänger müssen rechteckig sein" führte zum Erfolg. Neue Verkaufsanhänger weisen eine zu einer Seite vergrößerte Verkaufsfläche auf, die in etwa so ähnlich wie ein halbes

Hexagon aussieht (vgl. Abb. 16). Den Verkäufern steht nicht nur mehr Verkaufsfläche zur Verfügung, Kunden können auch besser Einsicht nehmen.

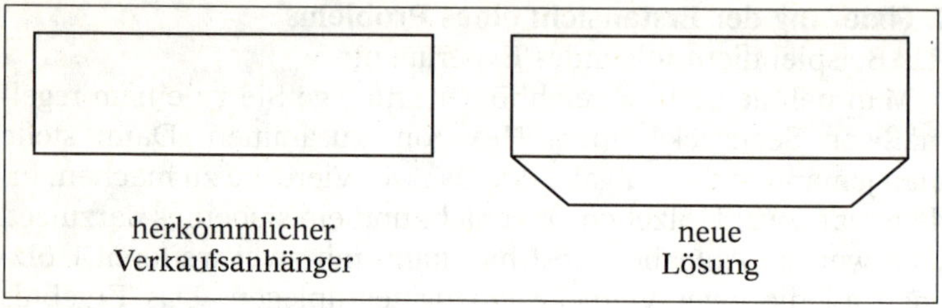

Abb. 16: Innovativer Verkaufsanhänger

III. Emotionale Blockaden

Oft blockiert die gefühlsmäßige Einstellung zu einem Problem den Weg zu neuen Lösungsansätzen. Folgendes Beispiel soll dies verdeutlichen:

Der Chef eines vor drei Generationen gegründeten Unternehmens war emotional blockiert. Der Urgroßvater gründete eine Maschinenfabrik und eine Gießerei, der Großvater baute beide erfolgreich aus, der Vater intensivierte das Geschäft der Maschinenfabrik, internationale Abnehmermärkte wurden erobert und permanent Produkt- und Verfahrensinnovationen erlangt. In die Gießerei wurde jedoch nicht mehr investiert. Der Sohn hatte aber nicht nur das Unternehmen, sondern auch die Familientradition übernommen. Er fühlte sich dieser Tradition so verpflichtet, daß er nicht in der Lage war, sich von Opas veralteter und unrentabler Gießerei zu trennen, die zudem kaum noch den umweltrechtlichen Belangen stand hielt. Im Gegenteil, er stützte finanziell die Gießerei aus den Erträgen der Maschinenfabrik bis es für beide Unternehmen zum Konkurs kam.

Dieses Ereignis findet jährlich in tausenden Varianten auch auf politischer und persönlicher Ebene statt.

Bionik – Was wir aus der Natur lernen können

Grundgedanke: Die Bionik ist besonders zur Lösung von Analyse- und Konstellationsproblemen geeignet, kann aber auch bei Suchproblemen sinnvoll angewendet werden. Der älteste Bioniker war der Mann oder die Frau, der erkannte, wie ein Arm und eine Faust durch einen an einem Holzstiel befestigten Stein substituiert werden können.

Grundidee der Bionik ist die direkte Übertragung von Systemen bzw. Strukturen der Natur auf verwertbare technische Lösungen.

Vorgehensweise: Die Vorgehensweise bei der Bionik kann durch zwei Schritte beschrieben werden:

1. Problemlösungen der Natur werden systematisch untersucht.
2. Die geeigneten Lösungsprinzipien werden auf menschlich-technische Probleme übertragen.

Es muß dabei nicht unbedingt ein konkretes Problem vorhanden sein. Durch die Beobachtung natürlicher Systeme ist das Entdecken latenter technischer Probleme über ihre Lösung möglich. Dazu folgende Beispiele:

Wie man weiß, können Delphine sehr schnell schwimmen. Sie können tagelang sogar neben Überseeschiffen schwimmen und ihnen mühelos folgen. Nun weiß man aber aufgrund der physikalischen Gesetze, wie schnell sich ein Körper im Wasser, in dem er den Reibungswiderstand zu überwinden hat, bewegen kann. Bezogen auf den Delphin dürfte dieser eigentlich max. nur rd. 10 km /Stunde zurücklegen können, in Realität erreicht er aber 40 km/ Stunde. Wie ist es dem Delphin gelungen, diese Geschwindigkeiten zu erreichen. Analysiert man das Problem genauer, so zeigt sich, daß die Reibungsgesetze hier nicht gelten. Diese treffen nur für starre Körper zu. Der Delphin dagegen kann vielmehr seine Haut ununterbrochen vibrieren lassen. Hier gelten andere physikalische Gesetze (erster Schritt bei der Bionik-Technik).

Als zweiten Schritt bei der Bionik-Technik wäre nun zu überlegen, wie dieses Naturprinzip in technisch verwertbare Ideen umgesetzt werden könnte. Bezogen auf das Beispiel des Delphins wäre die konkrete Fragestellung: „Ist ein Schiff konstruierbar, dessen Außenhaut vibriert, so daß es dadurch seine Geschwindigkeit erhöhen kann bzw. weniger Energie verbraucht?" Als Lösungsansätze kämen beispielsweise in Betracht, die Vibrationen z. B. durch Ultraschall, mechanische Schwingungen oder durch Preßluft zu erzeugen. In einem weiteren Schritt wäre jetzt die technische Realisierbarkeit der gefundenen Ideen zu überprüfen.

Es gibt viele andere Beispiele, die zeigen, daß Ideen aus dem Bereich der Bionik bewußt oder unbewußt zur Lösung von Problemen verwendet wurden. Die menschliche Hand, die sich im Greifbagger wiederfindet, das Gebiß für den Nußknacker, der Beutel des Känguruhs, der sich im Wäscheklammerbeutel wiederentdecken läßt. Oder aber die Gefahr der Knochenbrüche beim Skifahren. Das Problem besteht darin, daß sich das Bein bis kurz vor dem Sturz belasten lassen muß, bevor sich die Bindung schlagartig lösen soll.

Gerade dieses Beispiel zeigt, daß es bei der Problemformulierung wichtig ist, nicht von Anfang an, zu einengend zu formulieren. Damit soll vermieden werden, von vornherein mögliche Lösungsalternativen auszuschließen. Die Problemformulierung **„schlagartig lösen"**, grenzt nämlich mögliche Lösungen von vornherein aus. Beispielsweise ließe sich das Problem der Überbelastung beim Sturz auch dadurch lösen, daß man Skistiefel erfindet, deren Sohlen abreißen oder Ski mit Sollbruchstellen, so daß die Hebelwirkung einen Sollwert nicht überschreitet.

Andere Beispiele aus der Natur, die zu technischen Lösungen führten sind auch:

- Wie orientieren sich Vögel, Fledermäuse, Fische, Bienen oder andere Tiere? Die Lösungen sind eingesetzt in Kompassen, Ultraschall und Radar.
- Welche Leichtbauarten gibt es in der Natur? Zum Beispiel Sandwichkonstruktionen, Rohrwerke.

Aber auch das menschliche Gehirn dient als Ideengrundlage. Bei den sogenannten neuronalen Netzen ist das menschliche Gehirn das Vorbild für Zukunftscomputer. So wird derzeit versucht, durch Nachahmung menschlicher Gehirnzellen Computern ein assoziatives und schöpferisches Denken beizubringen. Bei neuronalen Netzen werden dazu Tausende künstlicher Nervenzellen, die als Neuro-Chips bezeichnet werden, miteinander verknüpft. Dabei gewichtet jedes Neuron die erhaltenen Informationen durch einen Vergleich mit abgespeicherten Mustern. Anschließend werden sie an die nächste Instanz weitergereicht. Dadurch lernt der Computer. Eingesetzt werden können diese neuronalen Rechner beispielsweise bei der Erkennung von handschriftlichen Texten. Lernfähige Expertensysteme werden auch zur Entdeckung eventueller Sicherheitslücken beim Bau von chemischen Produktionsanlagen eingesetzt.

Ein weiteres Beispiel ist die in der Natur vorzufindende Fuzzy-Logik, die sogenannte Theorie der unscharfen Logik, welche auf exakte mathematische Formeln verzichten kann. Anstelle von Ja/Nein-Aussagen, treten die an menschlichen Verhaltensmustern orientierten Zugehörigkeitsfunktionen. Dabei kann festgestellt werden, inwiefern eine Bedingung gar nicht, etwas, weitgehend oder völlig erfüllt ist – sie ist dann entsprechend in eine Fuzzy-Skala einordenbar. Es werden aber nur die Extremwerte definiert, beispielsweise schwarz = 1 und weiß = O. Die anderen Farben werden mathematisch (d. h. stufenlos) an die Grenzwerte angenähert. Beispielsweise würde der Farbton hellgrau die Bewertung 0,3 erhalten und dunkelgrau die Bewertung 0,7. Anders als bei herkömmlichen Regelsystemen kann ein System, welches mit der Fuzzy-Logik arbeitet schon vor Erreichen vorher festdefinierter Grenzwerte reagieren (*Henke/Rother* 1994). Die Fuzzy-Logik wird beispielsweise in Klärwerken zur biochemischen Aufbereitung der Abwässer eingesetzt. So werden Laufgeschwindigkeit der Zentrifuge und Zugabe von Chemikalien jetzt durch den Rechner vorgenommen.

Würdigung: Wie die Beispiele zeigten, gibt es in der Natur fast unendlich viele Möglichkeiten, die auf menschlich-technische Probleme übertragen werden können. Bei einer Bioniksitzung zur Ideenfindung im Unternehmen, insbesondere bei technisch komplexeren Problemen, ist es aber ratsam, einen erfahrenen Bioniker in die Problembearbeitung mit einzubeziehen.

Inkubation

Inkubation ist keine Technik im engeren Sinne, vielmehr bedeutet Inkubation (= Ausbrütung) im Zusammenhang mit kreativem Denken soviel wie „schöpferisches Vergessen“. Der Grundgedanke ist die Erkenntnis, daß eine lang andauernde, konzentrierte Bemühung um die Problemlösung zur Verkrampfung des Denkprozesses führt und so die Lösungssuche behindert. Die Inkubationsregel kreativen Denkens sagt deshalb aus, daß der Problemlöser nach einer Reihe erfolgloser Bemühungen gut daran tut, seine Problemlösungssuche aufzugeben und sich anderen Interessen zuzuwenden. Dadurch wird das Bewußtsein aus der Krampflage befreit. Das Unterbewußtsein hält jedoch die Problemstellung lebendig und sucht nach neuen Wegen.

Ein Beispiel erfolgreicher Inkubation zeigt das Manhattan-Projekt, das amerikanische Programm der Atombombenentwicklung im zweiten Weltkrieg (*Stuhr* 1969). Nach dem damaligen Stand der Physik gab es fünf theoretische Möglichkeiten zur Atomspaltung. Im einzelnen:

- die elektromagnetische Methode,
- die zentrifugale Methode,
- die Methode der Gasdiffusion,
- die Plutonium-Methode durch Graphitreaktor,
- die Plutonium-Methode durch Schwerwasserreaktor.

Aber es war einem schöpferischen Akt des Vergessens zuzuschreiben, daß das Projekt in der für unmöglich gehaltenen Zeit von knapp drei Jahren erfolgreich durchgeführt wurde. Der Vertraute Roosevelts und Freund führender Wissenschaftler Alexander Sachs hatte sich an der Frage festgebissen, wie man die Zeit von 10 – 12 Jahren, die für die Erprobung der praktischen Verwendbarkeit jeder der fünf Methoden brauchte, verkürzen könnte. Zufällig fiel ihm, als er sich seinem Hobby der Musik zuwandte, ein Buch über Musiktheorie in die Hände. Er las und blieb an einem Kapitel über die Struktur von Kanons hängen und erkannte die Lösung: **Kanon – Überdeckung – gleichzeitig statt nacheinander**. Wie in einem Kanon mußte das Projekt durchgeführt werden. Die für jede der fünf möglichen Spaltungsmethoden benötigten fünf Fertigungsstätten wurden daher nicht nacheinander, sondern gleichzeitig errichtet. Das Ergebnis ist bekannt.

Als anderes Beispiel sei *Archimedes* genannt, der losgelöst von der permanenten Suche nach dem Neuen, seine Formel im Bade erfand.

Methoden der intuitiven Konfrontation

4.4 Klassische Synektik

Grundgedanke: Gemeinsam ist allen synektischen Methoden, die Problemlösung dadurch zu erzielen, daß man problemfremde Reizwörter benutzt und diese dann auf das Problem überträgt. Die wesentlichen Unterschiede zwischen den einzelnen Methoden bestehen vor allem in der Vorgehensweise zur Erlangung verschiedener Reizwörter. Die wichtigsten synektischen Methoden werden im folgenden näher erläutert.

Die klassische Synektik (Synektik = etwas miteinander in Verbindung bringen), vom Amerikaner *William Gordon* 1961 auf der Grundlage intensiver Studien über Denk- und Problemlösungsprozesse entwickelt, ist die psychologisch fundierteste Methode der gemeinsamen Ideenfindung in Gruppen. Sie stellt an die Teilnehmer sehr hohe Anforderungen.

Sie umfaßt drei grundlegende Charakteristika:

1. Auswahl möglichst kreativer, hochqualifizierter Personen.
2. Intensive Schulung (z. B. in Psychoanalyse, Informationsverarbeitungspsychologie, Problemlösungsverhalten).
3. Konfrontation mit schwierigen Aufgaben, die den Teilnehmern ein hohes Maß an Kreativität abverlangen.

Die Synektik basiert auf der maßgeblichen Erkenntnis, daß die bekannten Modelle der Psychologie zur Beschreibung menschlichen Problemlösungsverhaltens zu theoretisch sind, um erfolgversprechende Wirkungen zu erzielen. Daher werden die Verhaltensempfehlungen in „operationale Mechanismen“ übersetzt. Dazu gehören beispielsweise die Prinzipien:

Mache dir das Fremde vertraut!
Entfremde das Vertraute!

Das erste Prinzip beinhaltet lediglich die Forderung nach einer gründlichen Problemanalyse. Dagegen fordert das zweite Prinzip die Teilnehmer auf, die ursprüngliche Problemstellung zunehmend durch Bildung von Analogien z. B. aus Natur und Technik zu verfremden und nach neuen Problemlösungen zu suchen. Als letzter Ablaufschritt wird versucht, möglicherweise auch „phantastische“ Lösungen an die eigentliche Problemstellung anzupassen.

Die Synektik verfolgt dementsprechend die Absicht, über systematische Verfremdungen des Problems zu neuen originellen und oftmals überraschenden Lösungsansätzen zu gelangen. Ihr liegt zudem die Annahme zu Grunde, daß sich kreative Prozesse von Personen durch diskrete, unbewußt ablaufende Stufen beschreiben lassen.

Sitzungsgestaltung: Die Teilnehmerzahl einer Gruppe sollte zwischen 6 – 8 Teilnehmer betragen (max. 12 Teilnehmer). Es sollte sich um eine interdiziplinäre jedoch sozial homogene Gruppe von Teilnehmern handeln. Ein qualifizierter Moderator, der über eine sehr gute Allgemeinbildung verfügen muß, ist notwendig. Die Dauer einer Synektiksitzung liegt bei ca. 2 Stunden. Es wird empfohlen, einen Flip-Chart oder eine Wandtafel zu benutzen.

Sitzungsregeln:

- Die Beiträge sollten kurz sein. Stichwortartige Vorschläge genügen.
- Die anderen Teilnehmer dürfen bei ihren Ausführungen nicht gestört werden.
- Es findet keine Kritik oder Wertung der Lösungsansätze statt.
- Spannungen innerhalb der Gruppe sind unbedingt zu vermeiden.
- Der Ablaufplan sollte allen sichtbar sein und die Ideen sind zu visualisieren.

Die Problemlösungsdarstellung durch Bildung von Analogien folgt den Phasen natürlicher kreativer Prozesse und hat folgenden Ablauf:

1. **Problemanalyse und -definition.** In der ersten Phase bemüht sich die Gruppe um die lückenlose Sammlung problemspezifischer Informationen sowie die genaue Abgrenzung und Formulierung des Problems.
2. **Spontane Lösungen und Neu-Formulierung des Problems.** In der zweiten Phase sind spontan Lösungsansätze zu nennen. Diese spontanen Lösungsansätze schaffen bei den Beteiligten Platz für neue Gedanken. Sie befreien gewissermaßen.

Zudem werden durch dieses Vorgehen falsch verstandene Fragestellungen erkennbar, die einer Neuformulierung des Problems bedürfen.

3. **Bildung von Analogien direkter Art:** Die Gruppe überträgt das Problem mit der Absicht der Verfremdung in andere Bereiche, wie Natur, Technik, Soziologie. Dazu schreibt jeder Teilnehmer seine Analogien auf Karten (je Karte eine Analogie). Die Karten werden dann auf einer Tafel angebracht. Anschließend wird die interessanteste Analogie von der Gruppe zur Weiterentwicklung ausgewählt.
4. **Bildung von Analogien persönlicher Art:** Durch Bildung persönlicher Analogien (Eindrücke und Gefühle der Gruppenteilnehmer), die grundsätzlich in der Ich-Form erfolgen sollten, ist beabsichtigt, daß sich die Gruppe mit den gefundenen direkten Analogien identifiziert (bewußte Regression ins Unterbewußtsein). Von den Teilnehmern wird hier konkret erwartet, daß sie ein Objekt in der Ich-Form beschreiben und sich dabei in die Rolle des Objekts (Eigenschaften und Verhaltensweisen) in direkter Analogie einfühlen. Dieses Verhalten, welches Kindern noch zu eigen ist, muß von Erwachsenen wieder antrainiert werden.
5. **Bildung von Analogien symbolischer Art** (Kontradiktionen): Danach sollen symbolische Analogien zu den persönlichen Beiträgen, bestehend aus einem Substantiv und einem Adjektiv, gebildet werden. Mit der Auswahl eines möglichst paradoxen Adjektivs soll hier bewußt eine unter Umständen provozierende Konfliktsituation geschaffen werden (z. B. eisige Wärme). Die Lösungen der symbolischen Analogie werden danach auf Karten geschrieben und auf der Tafel angebracht. Die beste Analogie wird dann für die nächste Phase ausgesucht.
6. **Bildung einer neuen direkten Analogie und anschließende Analyse.** Von der Gruppe werden in dieser Phase erneut direkte Analogien gebildet, die allerdings bei der ersten direkten Analogie gewählt wurden. Im Anschluß an die Analogiebildung wird erneut die beste Analogie ausgewählt, nach Strukturmerkmalen durchleuchtet und in ihre Merkmale zerlegt sowie beschrieben.

7. **Übertragung auf das Grundproblem.** Anschließend wird versucht, die gewonnenen Anregungen (Strukturmerkmale und deren Beziehungen) wieder auf das Ausgangsproblem zu transferieren. Die hinter dieser Phase stehende Grundfrage lautet: Wie kann die erhaltene neue Struktur zur Lösung unseres Problems genutzt werden? Diese eigentliche Phase der Ideenfindung, die beispielsweise nach den Regeln des Brainstormings ablaufen kann, hat das Ziel, die Lösungsansätze der problemfremden Formationen auf das eigentliche Ausgangsproblem zu übertragen (sogenanntes force fit).
8. **Entwicklung von Lösungsansätzen.**

Eignung der Synektikmethode: Die wesentlichen Vorzüge der klassischen Synektik-Methode sind:

- Es ist eine starke Verfremdung des Problems möglich.
- Es handelt sich um die psychologisch fundierteste Methode.
- Vollständige, eventuell auch physisch-konstruktive Problemlösung.
- Die Methode erleichtert die Findung außergewöhnlicher Ideen.
- Die Aufgabenstellung kann eine hohe Komplexität aufweisen.

Deren wichtigste Nachteile sind:

- Sehr zeitintensive Technik.
- Schwierige Handhabung.
- Teilnehmer sollten in der Synektik geschult sein (hohe Kosten).
- Qualifizierter Moderator notwendig, der über eine sehr gute Allgemeinbildung verfügen muß (ca. 1 Jahr Schulung).

Synektik-Methode in der Anwendung

Beispiele für die Synektik-Methode: Bei der Synektik-Methode beginnt die Sitzung bei einigen Beraterfirmen morgens mit einem Glas Sekt, zur Auflockerung. Auf der Suche nach Lösungsvorschlägen für die Entwicklung eines Regenschirms beispielsweise geht man darauf folgendermaßen voran. Als erstes werden seine Schwachstellen genannt, etwa „Ein Regenschirm ist doch etwas Entsetzliches, bei Orkan fliegt er gleich weg, er ist unhandlich und man vergißt ihn leicht."

Anschließend versucht man eine Analogie zur Tierwelt herzustellen, etwa indem man fragt: „Wie hat das Problem eine Gans gelöst. Sie hat ein Federkleid und wird dennoch nicht naß." So erzielt man möglicherweise die Lösung des imprägnierten Regenmantels. Weiterhin wird die Frage gestellt: „Warum existiert zum Beispiel noch kein imprägnierter Regenmantel, der so klein zusammenklappbar ist, daß er die Größe einer Zigarettenschachtel hat?" Hier ist noch eine Marktnische.

Ein anderes Beispiel: In einem Unternehmen erhielt eine Forschergruppe den Auftrag, einen neuen Antennenmast zu entwikkeln, der 25 Meter hoch sein sollte und sich in einem Paket verpacken läßt (*Gilde/Belkius* 1981). Die Gruppe versuchte zunächst die naheliegenste Möglichkeit und wählte viele 35 cm lange zusammensteckbare Stäbe. Es stellte sich aber heraus, daß ein solcher Mast einen zu geringen Querschnitt aufwies, als daß er sich auf 25 Meter hätte aufrichten lassen.

In einer Synektiksitzung kam man auf die Lösung. Die Teilnehmer suchten nach Analogien und schrieben alle ungefähr 25 Meter hohen Gegenstände auf, die ihnen einfielen. Ein Teilnehmer hatte die Idee, sich einen Dinosaurierhals vorzustellen.

Bei der Übertragung der Analogie auf das Grundproblem (Ablaufschritt 7 der Methode) erwies es sich als notwendig, ein Naturkundemuseum zu besuchen und sich ein Dinosauriergerippe anzusehen. Die Teilnehmer erkannten, daß der Dinosaurierhals einen idealen Antennenmast abgibt. Die Wirbel lassen sich leicht zusammenstecken und werden nur durch Muskel gehalten. Die Ingenieure entwickelten daraufhin eine ineinandersteckbare Antenne aus Ringen, die durch Stahlseile aufeinandergepreßt werden.

Noch ein Beispiel, das die Prinzipien der Synektik erläutert. Bei Waschmitteln wird gelegentlich auf seine Wirkung hingewiesen, die Oberflächenspannung herabzusetzen (zu entspannen). Dadurch kann das Waschmittel besser in die Poren eindringen. Anders als bei den bisherigen Beispielen steht hier jedoch nicht das Problem am Anfang, das einer Lösung bedarf, sondern hier steht die Lösung im Vordergrund, für die es nach Anwendungen zu suchen gilt. Das Ergebnis einer Synektiksitzung könnte nun sein: **Niedrige Oberflächenspannung wird benötigt bei:**

- Flüssigkeiten zum Auffinden kleinster Risse. Zum Beispiel eine Flüssigkeit, die in Haarrisse eindringt und sie sichtbar macht.
- Flüssigkeiten, die in eingefrorene Autoschlösser eindringen und das Eis abtauen.
- Flüssigkeiten, die unter eine Wasserschicht dringen und so die Feuchtigkeit von z. B. nassen elektrischen Anlagen entfernen.
- Schmiermittel, welche in kleinste Bereiche dringen.
- Entspannende Medien, die vor Schiffen ins Wasser gegeben, deren Reibungswiderstand verringern und so eine Geschwindigkeitserhöhung bewirken.

Zusammenfassende Würdigung der Synektik-Methode: Der Erfolg einer Synektiksitzung ist stark von den Fähigkeiten der Teilnehmer abhängig, Hemmungen und Blockaden abzubauen und freie Analogien bilden zu können. Dies bedarf allgemein intensiver Schulung. Der Reiz der Methode liegt in ihrer Möglichkeit, sie auch für anspruchsvolle Einsatzgebiete wie der technischen Prognose einzusetzen. Insbesondere im amerikanischen Raum wurden mit Hilfe der Synektik beeindruckende Erfolge erzielt. Wegen ihres ungewöhnlichen Ablaufs, wird sie jedoch in der Praxis noch selten angewandt.

Die TILMAG-Methode

Die TILMAG (**T**ransformation **i**dealer **L**ösungselemente in **Ma**trizen für **A**ssoziationen und **G**emeinsamkeiten) –Methode wurde von Helmut Schlicksupp entwickelt (*Schlicksupp* 1989). Wesentliches Charakteristikum dieser Technik ist, daß bei ihr die Verfremdung, anders als bei der klassischen Synektik, durch einen rationaleren Ansatz der Reizwortfindung stattfindet.

Im einzelnen ist die Vorgehensweise wie folgt (*Schlicksupp* 1989):

1. Es wird zunächst eine idealtypische Lösung formuliert.

2. Danach erfolgt eine Aufzählung der zu dieser Lösung notwendigen idealtypischen Funktionen und Elemente.
3. Anschließend wird eine Gruppierung der Funktionen und Elemente nach sinnvollen Kriterien vorgenommen. Jeder Gruppe wird ein Oberbegriff zugeordnet.
4. Es wird eine Assoziationsmatrix gebildet, deren Dimensionen aus den unter 3. gefundenen Oberbegriffen gebildet werden. Dabei soll jeder gebildete Oberbegriff mit jedem kombinierbar sein. Die von der Gruppe zu jedem Begriffspaar gebildeten spontanen Assoziationen werden in die Zellen der Matrix eingetragen. Die spontanen Assoziationen, die die Funktionen und Elemente des Problems nun konkret verkörpern, werden zu Reizwörtern für die Lösungsfindung. Es folgt eine Übertragung der Assoziationen (Reizwörter) auf das Problem, wodurch erste Ideen geliefert werden.
5. In einer weiteren Matrix (der Gemeinsamkeitenmatrix) werden die Assoziationsbegriffe paarweise nach Gemeinsamkeiten untersucht.
6. Die strukturellen Gemeinsamkeiten werden auf das Problem übertragen.

Kritische Würdigung: Nachteilig ist die große Verwendung von systematisch-analytischen Techniken. Zudem ist auch bei dieser Methode ein größerer Zeitaufwand einzuplanen.

Synektische Konferenz

Die synektische Konferenz (entworfen von *Prince*) soll den starren Ablauf der klassischen Synektik auflockern und das komplizierte Vorgehen erleichtern. In einer Diskussion ähnlich dem Brainstorming ist beabsichtigt, möglichst viele direkte Analogien zu finden und zueinander in Beziehung zu setzen. Es werden also ganze Strukturen assoziiert.

Visuelle Synektik

Hintergrund der visuellen Synektik (*Schlicksupp* 1980) ist, daß Denkprozesse bzw. hier kreative Prozesse von unterschiedlichen Anreizen unterschiedlich beeinflußt werden. Deshalb werden in dieser Technik visuelle Reize (Wahrnehmungen) zur Problemlösung genutzt. Das geschieht etwa derart, daß man dem Problemlöser eine Bildmappe zum aufmerksamen durchblättern gibt. Analogiebildung und force fit ergeben sich durch Übertragung von Strukturen naturalistischer Bilder und Bildelementen auf das Problem. Die Ideenfindung wird durch Betrachtung von Bildern und Konzentration auf Bilder mit realen Darstellungen erzielt. Die Problemlösung soll demnach von der Beschreibung der bildhaften Elementenbeziehungen abgeleitet werden.

In größeren Gruppen können statt einer Bildmappe auch Dias verwendet werden. Danach versucht die Gruppe die Strukturen der Bilder in Problemlösungsideen umzusetzen.

Bisoziationsmethode

Bei der Bisoziationsmethode, der Name Bisoziation bedeutet übersetzt zweimal assoziieren, wird das Problem in einem ersten Schritt erläutert und durchdrungen. Danach müssen die Gruppenteilnehmer nach einem neuen, vom Problem weit entfernten Bezugssystem suchen. Durch das Sammeln von Schlagwörtern wird dieses möglichst eingehend beschrieben (**erste Assoziation**).

Die Beschreibung des neuen Bezugssystems hat den Zweck,

1. Schritt	Problemformulierung
2. Schritt	Problemerläuterung
3. Schritt	Suche nach neuen Bezugssystemen
4. Schritt	Auswahl eines Bezugssystems
5. Schritt	Beschreibung des neuen Bezugssystems durch zugehörige Begriffe
6. Schritt	Neue Lösungen durch Verknüpfung des Bezugssystems mit dem gegebenen Problem

Abb. 17: Schematischer Ablauf der Bisoziationsmethode

das Bewußtsein vom Problem zu lösen und dieses so ins Unterbewußtsein aufzunehmen. Neue Ideen werden dadurch erhältlich, daß die Begriffe des neuen Bezugssystems mit dem gestellten Problem zusammengebracht werden. Diese Begriffe dienen als Brennpunkte für Lösungsansätze und Ausgangspunkte für neue Assoziationsketten (**zweite Assoziation**).

Der schematische Ablauf (*Burkert* 1977) ist noch einmal in Abb. 17 wiedergegeben.

Die BBB-Methode

Die BBB-Methode kombiniert die visuelle Synektik mit dem klassischen Brainstorming. Bei dieser Technik wird jedem Gruppenteilnehmer einzeln eine Bildmappe vorgelegt. Die Lösungsansätze, die der Teilnehmer aus der Analogiebildung zu den Bildelementen oder aus spontanen Assoziationen, die von Bildelementen anregt wurden, ausgebildet hat, werden aufgeschrieben. Die so gefundenen ersten Lösungsansätze werden in einer sich anschließenden Brainstorming-Sitzung als Assoziationsgerüst zur Findung verbesserter Ideen genutzt.

Das Force-Fit-Spiel

Diese Kreativitätstechnik ist ein Analogie-Spiel für zwei Mannschaften von zwei bis acht Personen. Die eine Gruppe nennt ein Objekt (Reizwort), das keine erkennbare Beziehung zum Problem haben soll. Die zweite Gruppe muß dann eine Beziehung zum Problem finden und daraus einen Lösungsansatz ableiten. Gelingt ihr das nicht, ist die erste Gruppe weiterhin am Spiel, ansonsten wechseln die Rollen. Zum Notieren der Ideenvorschläge ist ein Protokollant ratsam. Die Aufgabe kann auch der Moderator übernehmen.

Reizwort-Analyse

Bei der Reizwort-Analyse (entwickelt von *Geschka/Schaude*) werden etwa zehn gegenständliche Begriffe ausgesucht, die übersichtlich angeordnet werden. Anschließend erfolgt eine Analyse der Gegenstände nach relevanten Strukturmerkmalen. Hierbei sollte ein systematisches Vorgehen (z. B. der Reihenfolge nach) vermieden werden. Wichtig sind die spontan einfallenden Merkmale, die bei flüchtigem Lesen aller Begriffe bemerkt werden. Danach wird versucht, eine Beziehung zwischen den ermittelten Strukturen (Reizwörtern) und dem Problem zu erreichen (Übertragung auf das Problem) und dadurch neue Lösungsansätze zu entwickeln.

Man übergeht bei dieser Technik die Phasen der Analogiesuche der Synektik (Phasen vier bis sechs). Dadurch erreicht man jedoch bei der Reizwort-Analyse keine wesentliche Verfremdung. Es stehen jedoch mehr Analogie-Vorlagen als bei der klassischen Synektik zur Verfügung.

Forced-Relationship

Diese Technik eignet sich besonders bei einer sehr unpräzisen Problemstellung. Beim Forced-Relationship werden technisch ähnliche Produkte verglichen und miteinander in Beziehung gesetzt. Ähnlich wie bei der Reizworttechnik versucht man die technischen Produkte bzw. deren Namen (Reizwörter) auf sich wirken zu lassen und einander gegenüberzustellen. Durch beliebiges assoziieren, kombinieren und variieren werden Phantasiegegenstände (hier technische Produkte) gebildet, die zu neuen Lösungsansätzen führen können.

Die Katalog-Technik

Eine Abwandlung des Forced-Relationship ist die Katalog-Technik. Statt technischer Produkte wählt man hier nach dem Zufallsprinzip zwei Produkte aus einem Versandhauskatalog aus (die Zufallszahlen werden zur Ermittlung der Katalogseite und des Produkts genutzt). Die Vorgehensweise entspricht dem des Forced-Relationship. Man versucht aus den zufällig ausgewählten Objekten (Reizwörter), die benutzt werden *müssen*, durch Assoziation, Kombination bzw. Variation eine Beziehung zum Problem herzustellen und so neue Ideen zu entwickeln.

Kapitel 5: Systematisch-analytische Methoden

5.1 Methoden der systematisch-analytischen Assoziation

Morphologische Methode

Die wohl bekannteste systematisch-analytische Methode der Ideenfindung ist der Morphologische Kasten. Morphologie ist die Lehre von den Gebilden, Gestalten oder Formen eines Sach- oder Sinnbereichs. In die Ideenfindung transferiert bedeutet Morphologie die Lehre vom geordneten Denken.

Der Morphologische Kasten geht auf den Schweizer Astrophysiker *Fritz Zwicky* (1957; 1966) zurück. Er ist ein mehrdimensionales Klassifikationsverfahren von Objekten oder Problemen zur strukturellen und/oder funktionalen Durchdringung. Neben Konstellationsproblemen eignet er sich auch für gut abgegrenzte Suchprobleme.

Ziel ist es, auf analytisch-logischem Wege ein Problem in seine Komponenten zu zerlegen, das alle möglichen Lösungen in geordneter Form enthält. Neben der Ideenfindung wird die Methode aber auch zur Prognose technischer Entwicklungen genutzt (*Blohm* 4/1979/*Ropohl* 1972). Die Morphologische Methode umfaßt neben dem Morphologischen Kasten vor- und nachgelagerte Ablaufschritte. Sie kann von Einzelpersonen wie auch von Gruppen (empfohlen bis zu 7 – 10 Teilnehmern) genutzt werden. Bei der Kleingruppe sollte es sich möglichst um einen interdisziplinären Teilnehmerkreis handeln. Wichtig ist, daß die nötigen Informationen zur Problemstellung schon vor der Sitzung bekannt sind.

In der Regel beinhaltet die Vorgehensweise die folgenden 5 Ablaufschritte. Als Hilfsmittel werden dabei die Methoden systematisches Erfassen und Auflisten, Variieren von Elementen, Problemzerlegung und Kombination genutzt.

1. **Analyse, Definition des Objekts oder Problems und zweckmä-**

ßige Verallgemeinerung. Als erster Schritt ist das Suchfeld möglichst umfassend, dabei aber präzise als eine Klasse technischer Systeme zu erklären. Ziel dieser Forderung ist, nicht bereits im Vorfeld neuartige Lösungen durch ungeeignete Merkmalsformulierungen auszuschließen. So ist z. B. die Merkmalsformulierung „Fahrwerk" in einer morphologischen Klassifikation für Landfahrzeuge bei der Entwicklung eines neuen Antriebs ungeeignet, da man sich mit dieser Formulierung auf Bewegungssysteme festgelegt hat, deren Gewicht durch auf den Erdboden rollende Räder aufgefangen wird und so neuartige Lösungen wie die Magnetbahn oder Luftlagerung von Anfang an ausgeschlossen wären.

2. **Zerlegung eines Problems in seine Parameter, Bestandteile (Dimensionen, intensionale Merkmale).** Parameter sind dabei als oberbegrifflich beschriebene Komponenten von Lösungen zu verstehen. Die Beschreibung eines technischen Systems, hier der Uhr (vgl. Abb. 18), wird so gehandhabt, daß die Teilfunktionen, d. h. die intensionalen Merkmale in einer Spalte untereinander angeordnet werden.
   Die Parameter müssen eine Gruppe von verwandten und problembeeinflussenden Faktoren bilden. Es empfiehlt sich, bei der Parametersuche mit allen denkbaren Parametern und Elementen zu beginnen. Diese werden in weiteren Schritten sinnvoll gruppiert und selektiert. Die Gesamtparameterzahl sollte nicht über sieben liegen.
3. **Ermittlung der möglichen Ausprägungen der Parameter (extensionale Merkmale).** Die einzelnen Ausprägungen bilden die Zeilen einer Matrix, die als Morphologischer Kasten bezeichnet wird. Dabei ist zu beachten, daß:
   - die Ausprägungen alternativ und konkret sind,
   - sie sich untereinander wesentlich unterscheiden (überflüssige Parameter sind zu entfernen),
   - die Ausprägungen mit der Zielsetzung übereinstimmen,
   - es sollten drei oder mehr Ausprägungen pro Parameter vorhanden sein.
4. **Analyse der Alternativen.** Die Menge der Problemlösungsalternativen ergibt sich durch die Kombination der Merkmale. Mehrere Ausprägungen eines intensionalen Merkmals in ei-

ner Alternative sind nicht zulässig. In der Abb. 18 ergeben so die Linienzüge, mit deren Hilfe aus jeder Zeile genau ein Element gekennzeichnet wird, die Kombination von Merkmalen der realisierten, möglichen oder prognostizierten Systeme. Jeder Parameter muß berücksichtigt werden.

5. **Alternativenauswahl.** Technisch und/oder wirtschaftlich nicht realisierbare Lösungen lassen sich frühzeitig erkennen und ausgliedern.

Anwendungsmöglichkeiten: Der Morphologische Kasten ist ein Ordnungsraster, welches der Beschreibung, Analyse und Prognose dient. Durch ihn wird das Problem verallgemeinert und die Problemlösungsversuche werden systematisiert (vgl. auch Abb. 19). Die systematische Kombination bekannter Merkmalselemente ermöglicht beim Morphologischen Kasten die planmäßige Konstruktion bis dahin unbekannter Problemlösungsalternativen, was oft zu überraschenden Lösungsansätzen führt. Allerdings lassen sich nicht alle technischen Möglichkeiten berücksichtigen, da eine vollständige Kenntnis der in der Zukunft auftretenden Merkmale und deren Ausprägungen nicht möglich ist. Auch können keine Aussagen über künftige Realisierungschancen getroffen werden. Es bietet sich daher an, zur Prognose ergänzend weitere Techniken, wie Brainstorming, Delphi-Methode oder Synektik einzusetzen.

Anwendungsbedingungen: Der Morphologische Kasten weist gute Anwendungsbedingungen für vielfältige praktische Einsatzgebiete auf. Er ist sowohl als Einzelanwendung als auch zur Gruppenarbeit (i.d.R. bis zu 10 Personen) geeignet. Allerdings setzt die Erstellung eines Morphologischen Kastens ein fundiertes fachliches Wissen über das Problem voraus. Hilfsweise ist das Problem zum besseren Verständnis mit entsprechenden Hilfsmitteln präzise analytisch zu durchdringen, um die relevanten Parameter zu erhalten.

Folgende besondere Schwierigkeiten sind zu berücksichtigen:

1. Es sollte keine zu enge Problemabgrenzung vorgenommen werden, da sonst die Gefahr besteht, daß von vornherein Alternativen ausgeschlossen werden.
2. Ein besonderes Problem stellt das Auffinden der Parameter

intensionale Merkmale	extensionale Merkmale									
Energiequelle	Handaufzug	Erschütterung	Ausdehnungsaufzug	Druckschwankung	Temp.-schwankung	Hydraul. Energie	Galvan. Element	Lichtstrahlen	Starkstromnetz	
Energiespeicher	Gewichtsspeicher	Federspeicher	Bimetallspirale	Druckbehälter	Elektr. Akkumulator	kein Speicher				
Motor	Federmotor	Elektromotor	Pneumat. Motor	Hydraul. Motor						
Regler	Unruhe	Torsionspendel mit Anker	Fliehkraftregler	Hippscher Pendel	Stimmgabel mit Kontakt	konstante Netzfrequenz	elektr. Impulse			
Getriebe	Zahnradgetriebe	Kettengetriebe	Schneckengetriebe	Magnetgetriebe						
Anzeigevorrichtung	Zeiger und Zifferblatt	Scheiben und Marke	Rollen und Fenster	Schieber und Marke	Windblätter					

Abb. 18: Morphologische Systematik einer Uhr (nach *Boesch* 1954)

dar. Zur vollständigen Durchdringung können Hilfsmittel genutzt werden, wie z. B.:
- Funktions- und Ablaufanalysen,
- Blockdiagramme,
- „W"-Fragen: Wer tut Was Wie Wann Wo?
- Systemanalytische Überlegungen,
- Visualisierungen jeder Art.

3. Die Unabhängigkeitsbedingungen der Parameter (besonders die kausale Unabhängigkeit) dürfen nicht verletzt werden. Es ist daher auf eine weitgehende kausale oder technologische Unabhängigkeit zu achten. Beispielsweise wären die Parameter Industriegrundstückspreise und Infrastruktur voneinander abhängig. Die Parameter dürfen sich aber nicht wechselseitig bedingen, d. h. die Ausprägungen müssen frei kombinierbar bleiben.
4. Es ist darauf zu achten, daß gleiche Eigenschaften nicht durch mehrere Parameter erfaßt werden. Beispielsweise sind die Parameter Strombedarf und Wärmebedarf für Raumheizungen mit Nachtspeicherstrom austauschbar. Es sollte daher ein Parameter entfernt werden.
5. Die Aufnahme sachlich unzutreffender Parameter sollte ausgeschlossen sein.
   Parameter, die diese Forderungen (2. – 5.) nicht erfüllen, können auf andere Parameter aufgeteilt oder in ein Lösungselement eines anderen Parameters aufgenommen werden bzw. mit einem anderen Parameter vereint werden.
6. Probleme bestehen auch bei der Auswahl der Alternativen.

Hilfestellungen: Gerade bei unklaren Problemen hat es sich in der Anwendung der Methode bewährt, die ermittelten Parameter und Ausprägungen auf kleine Kärtchen zu schreiben. Diese werden dann auf einer Pinnwand, die den Morphologischen Kasten darstellt, plaziert und ermöglichen eine zielorientierte Auswahl der Ausprägungen.

Als Regeln während einer Sitzung der Technik sind zu berücksichtigen:

- Die Suche nach Lösungsansätzen wird nicht abgebrochen, wenn die erste befriedigende Idee erzielt worden ist.
- Frühzeitige Kritik und Bewertung sind zu unterlassen.

Durch die Vielzahl von Ausprägungen pro Parameter kann ein Morphologischer Kasten schnell unübersichtlich werden. Schon bei 5 Parametern mit je 10 Ausprägungen gibt es 100 000 Lösungsalternativen, die eher behindern als daß sie der Ideenfindung förderlich sind. Durch folgende zwei Vorgehensweisen kann nun die Lösungssuche optimiert werden:

1. Zielorientierte Selektion, d. h. anhand von problemspezifischen Kriterien werden von vornherein nur die sinnvollsten Ausprägungen je Parameter ermittelt; die anderen werden eleminiert.
2. Zerlegung in Teilprobleme, d. h. der Morphologische Kasten wird, wenn möglich, in Unter-Matrizen zerlegt.

Der Zeitaufwand für die Morphologische Methode ist sehr unterschiedlich und kann bis zu mehreren Tagen in Anspruch nehmen. Eine Sitzung sollte jedoch nicht mehr als maximal zwei Stunden beanspruchen.

Zusammenfassende Würdigung der Morphologischen Methode:

Die wesentlichen Vorteile des Morphologischen Kastens sind:

- die große Anzahl der Lösungsmöglichkeiten,
- die systematische Gesamterfassung des Problems und
- die Lückenlosigkeit der Lösungssuche.

Neben den bereits oben erwähnten Problemen ist bei der Anwendung der Methode darauf hinzuweisen, daß die Technik sehr arbeits- und zeitaufwendig ist und einer äußerst präzisen und eindeutigen Durchdringung des Problems bedarf.

Beispiel für die Anwendung der Methode des Morphologischen Kastens

1. Schritt: Problemdefinition

Das vorgegebene Problem lautet: „Optimale organisatorische Gestaltung eines Qualitätssicherungssystems."

2. Schritt: Parameterbestimmung

Die Parameter (intensionale Merkmale), die für eine organisatorische Einordnung relevant sind:

Funktion		Elemente				
A	Anschlüsse	Flach-Anschluß	Rund-Anschluß	Schraub-Anschluß	Steck-Anschluß	Klemm-Anschluß
B	Widerstands-körperformen	Draht	Band	Widerstandskörper	Elektrolyt	plastische Masse
C	Kühlung	ruhende Luft	bewegte Luft	Flüssigkeit	Strahlung	Wärmeleitung
D	Kontakt-system	Druck-Kontakt	Wälz-Kontakt	Gleit-Kontakt	Roll-Kontakt	Elektroden
E	Energiespei-cher	Schraubenfeder	Torsionsfeder	elektrische Energie	Druckgas	chemische Ener-gie
F	Kinematik	Tranzlation	Rotation	Tranzlation-Rotation	Wälzbewegung	Schraubbewe-gung
G	(Auslöse-system)	magnetisch	elektro-dynamisch	thermisch	mechanisch	chemisch

Abb. 19: Widerstandsformen, geordnet nach Funktionen und Elementen (aus *Blohm* 1973)

- Art der Institution,
- Hierarchieebene,
- Charakteristik (Stab/Linie),
- Zentralisationsgrad,
- organisatorische Zuordnung,
- Anlaß für ein Tätigwerden.

3. Schritt: Parameteranordnung in der Vorspalte der Matrix

Parameter	Ausprägungen
Art der Institution	
Hierarchie-ebene	
Charakteristik	
Zentralisations-grad	
organisatori-sche Zuordnung	
Anlaß für ein Tätigwerden	

4. Schritt: Eintragen der Ausprägungen

Parameter	Ausprägungen		
Art der Institution			
Hierarchie-ebene			
Charakteristik			
Zentralisations-grad	völlige Zentralisation	dezentrale Lösung mit Instanzentzug	völlige Dezentralisation
organisatori-sche Zuordnung			
Anlaß für ein Tätigwerden			

5. Schritt: Kombination der Ausprägungen

Parameter	Ausprägungen		
Art der Institution	ständige Einrichtung: Abteilung Fachbereich usw.	ständiger Ausschuß, Arbeitsgruppe usw.	Projektgruppe usw. (fallweises Organ)
Hierarchieebene	obere	mittlere	untere
Charakteristik	normale Linien- bzw. Zentralstelle mit Anordnungsbefugnis	Stelle nur mit Richtlinienkompetenz	Stabsstelle nur mit Beratungsrechten
Zentralisationsgrad	völlige Zentralisation	dezentrale Lösung mit Instanzentzug	völlige Dezentralisation
organisatorische Zuordnung	allgemeine Zuordnung (nicht zu einem speziellen Bereich)	zu einem Funktionsbereich zugehörig	Produktgruppen oder Spartenzuordnung
Anlaß für ein Tätigwerden	Eigeninitiative, Einsatzplanung	Verschiedene Beweggründe	auf Anordnung der betroffenen Institution

Die Kombination der Ausprägungen ergibt dann als Ergebnis die Lösungsalternativen. Sie werden üblicherweise durch einen Linienzug gekennzeichnet.

Die Sequentielle Morphologie

Die von *H. Geschka* (1977) hervorgebrachte Methode der Sequentiellen Morphologie ist eine Weiterentwicklung des Morphologischen Kastens. Gegenüber der Morphologischen Methode hat diese Technik den Vorteil, daß die Entscheidungsphase in den Gesamtablauf integriert ist. Durch die Vernachlässigung nicht sinnvoller Ideen fördert sie zudem die Übersichtlichkeit der Lösungsansätze. Die Ablaufschritte lauten im einzelnen wie folgt:

1. **Analyse und Problemerläuterung.**
2. **Erarbeitung aller relevanten Parameter.**
3. **Entwicklung eines Kriterienkataloges zur Beurteilung der Lösungsansätze.**
4. **Gewichtung der Kriterien** (von 0,0 bis 1,0).
5. **Gewichtung der Parameter in Abhängigkeit der Kriterienerfüllung**. Es wird ermittelt, in wie weit die Parameter die Kriterien erfüllen. Ausgedrückt durch die Wertezahl WM, ist für jeden Parameter in Abhängigkeit jedes Kriteriums ein Wert zwischen 0,0 bis 1,0 festzulegen.
6. **Bildung einer Rangordnung**. Durch multiplizieren der Wertezahl mit den jeweiligen Kriteriengewichten und das zeilenweise Aufsummieren erhält man die Relevanzzahl (Rn). Diese zeigt den Einfluß des Parameters auf den Lösungsansatz. Die Parameter werden der Höhe der Wertziffern geordnet.
7. **Aufbau eines Morphologischen Kastens mit den zunächst zwei wichtigsten Merkmalen** (Parameter und deren Ausprägungen).
8. **Auswahl eines sinnvollen Lösungsansatzes durch Kombination der Ausprägungen für die beiden wichtigsten Merkmale** (Parameter).
9. **Schrittweises Hinzufügen der weiteren Merkmale (Parameter) entsprechend der Rangfolge und Auswahl der Ausprägungsalternative.** Wiederholung dieses Schrittes, bis alle Merkmale (Parameter) integriert sind.

Wie die Morphologische Methode so bedarf auch die Sequentielle Morphologie eines fundierten fachlichen Problemwissens. Vorteilhaft ist jedoch neben der übersichtlicheren Darstellungsform eine in den Ablauf integrierte Bewertung der Ideen.

Beispielhafte Anwendung der Sequentiellen Morphologie

1. Schritt: Problemdefinition. Die vorgegebene konkrete Problemstellung lautet: „Die Aufgabe eines Automobilherstellers besteht darin, ein ökologisch verträgliches Stadtauto zu entwikkeln.“

2. Schritt: Auswahl der Merkmale (Parameterauswahl)

Merkmal		Ausprägung			
M 1	Karosserie-material	Stahl	Aluminium	Kunststoff	Holz
M 2	Antrieb	Elektro-Motor	Wasser-stoff-Motor	Benzin/Diesel-Motor	Gas-Motor
M 3	Stauraum	keinen	Bug	Heck	Dach
M 4	Bauform	Fließheck	Stufenheck	Transporter	Caravan
M 5	Personen-kapazität	2	3	4	5

3. Schritt: Kriterienermittlung und Gewichtung

Kriterien		Gewichtung
K 1	Platzbedarf (auf öffentl. Straßen)	0,8
K 2	Umweltverträglichkeit	1,0
K 3	Herstellungskosten	0,5

4. Schritt: Ermittlung der Wertziffern

Parameter	K 1 (Gewicht = 0,8)	K 2 (Gewicht = 1,0)	K 3 (Gewicht = 0,5)
M1: Karosseriemat.	0,0	0,5	0,6
M2: Antrieb	0,2	0,9	0,8
M3: Stauraum	0,7	0,4	0,4
M4: Bauform	0,9	0,0	0,6
M5: Personenkap.	0,7	0,4	0,5

5. Schritt: Ermittlung der Relevanzzahlen und Bildung der Rangfolge

Relevanzzahl		Rangfolge	
WM 1 =	0,8	Rangplatz	5
WM 2 =	1,46	Rangplatz	1
WM 3 =	1,16	Rangplatz	3
WM 4 =	1,02	Rangplatz	4
WM 5 =	1,21	Rangplatz	2

6.–10. Stufenweise Umsetzung im Morphologischen Kasten und Auswahl

Merkmal		Ausprägung			
Stufe 1	M 2	Elektro-Motor	Wasserstoff-Motor	Benzin/ Dieselmotor	Gas-Motor
	M 5	2	3	4	5
Stufe 2	M 3	keinen	Bug	Heck	Dach
Stufe 3	M 4	Fließheck	Stufenheck	Transporter	Caravan
Stufe 4	M 1	Stahl	Aluminium	Kunststoff	Holz

5.2 Methoden der systematisch-analytischen Konfrontation

Morphologische Matrix

Die Morphologische Matrix ähnelt dem Morphologischen Kasten, beschränkt sich aber zumeist auf zwei Parameter, die einen Problembereich bilden (strukturgebende Einflußfaktoren) und separat in einer Matrix dargestellt werden. Da die Matrix Morphologisches Tableau und die freien Zellen Problemfelder genannt werden, wird häufig der synonyme Name Morphologisches Tableau, Problemfelddarstellung oder Erkenntnis-Matrix geführt.

Die Technik, die einen lückenlosen Ansatz bietet, wird bei vielen Such- und Konstellationsproblemen eingesetzt. Beispielsweise unterstützt sie das Entdecken von Produkt- und Verfahrensinnovationen und von Nischen. Sie dient ferner der Analyse und Strukturierung komplexer Sachverhalte und der Erstellung von Szenarien. Die Besonderheit der Morphologischen Matrix besteht darin, daß die durch die Ausprägungskombinationen definierten Felder die bereits bekannten Lösungen zeigen. So werden Leerfelder sichtbar, die auf noch offene, ausstehende Lösungen hinweisen.

Vorgehensweise (wichtigste Ablaufschritte)

1. Suche der Problemparameter wie beim Morphologischen Kasten.
2. Bildung eines Morphologisches Tableaus, bei dem jede Dimension aus den Ausprägungen eines relevanten Parameters besteht. Dabei werden die Ausprägungen dieser beiden Parameter in Vorspalte und Kopfzeile der Matrix angeordnet. Der Problembereich wird somit systematisch und ohne Vorausrichtung in eine Vielzahl von Einzelfeldern aufgefächert.
3. Untersuchung aller Ausprägungskombinationen der Parameter auf bereits bestehende Lösungen.
4. Nennung bisher noch nicht realisierter Kombinationen (Problemfelder) und Ableitung neuer Ideen aus diesen. Durch die Betrachtung einzelner Matrixfelder stellen sich beim Problemlöser oft direkt und spontan Ideen ein.

Beispiele für die Morphologische Matrix

Unternehmensbereiche	**Anwendungsbereiche**			
	Feierabendrunde für Mitarbeiter	Gästebewirtung, Familienfeiern	Sonstige Feiern und Festlichkeiten	Freizeitsport, Nach dem Sport
Kunden (Gaststätten)				
Werkskantine, eigene Seminar-, Sitzungsräume etc.				
Marketingabteilung				
Fuhrpark				

Abb. 20: Problemfeldmatrix zur Suche von Nebenleistungen für eine Brauerei

Funktionen	Objekte					
	Zeichengeräte	Zeichenbrett	Zeichenträger	Zeichenmaschine	Kopiergeräte	sonstige Hilfsmittel
Vorzeichnen						
Reinzeichnen						
Radieren						
Vermaßen						
Beschriften						
Vervielfältigen						

Abb. 21: Beispiel einer Morphologischen Matrix (aus *Geschka* 1976)

Attribute-Listing (Produkt-Ideenfindungstechnik)

Die Attribute-Listing-Methode, von *Robert P. Crawford* (University of Nebraska) entwickelt, ist dem Morphologischen Kasten ähnlich, besitzt aber einen engeren Anwendungsbereich. Ihr Einsatz beschränkt sich vor allem auf die Eigenschaftsanalyse und -verbesserung bereits bestehender Produkte, Verfahren etc. Bei der Methode des Attribute-Listings wird systematisch versucht, alle erkennbaren Lösungsansätze für die Eigenschaftsverbesserung aufzuzeigen.
Vorgehensweise: Der Ablauf der Methode beschränkt sich auf die folgenden 3 Schritte (vgl. auch Abb. 23), die am Beispiel des Briefpapiers (Abb. 22) erläutert werden:

1. Schritt: Zerlegung in einzelne Merkmale
Die systematische Auflistung aller Merkmale des zu verbessernden Gegenstandes (Produktes, Verfahrens) sollte in der Regel vom Problemsteller vor Sitzungsbeginn durchgeführt werden. Im Beispiel Briefpapier sind es die Merkmale:
Format, Farbe, Material, Rand, usw.

2. Schritt: Beschreibung der derzeitigen Lösungsmerkmale
Anschließend erfolgt die Beschreibung der derzeitigen Lösungen für die im vorherigen Schritt ermittelten Merkmale. Die Auflistung der derzeitigen Ausprägungen wird in die benachbarte Spalte eingetragen. Zweckmäßigerweise kann dies auch wieder durch den Problemsteller vorgenommen werden.

Zur besseren Visualisierung empfiehlt es sich, das Problem und den vorher erarbeiteten Ist-Zustand auf einer Pinwand oder einem Flip-Chart zu erläutern.

Im Beispiel Briefpapier sind die derzeitigen Ausprägungen für die vorher ermittelten Merkmale:
DIN A4, weiß, Farbtöne, Papier, holzfrei, usw.

3. Schritt: Systematische Suche nach Variationsmöglichkeiten
Das Ziel des dritten Schrittes ist die konsequente Suche nach alternativen Gestaltungsmöglichkeiten für alle Merkmale. Während aber die ersten beiden Schritte durch den Aufgabensteller

Merkmal	derzeitige Lösung	mögliche andere Gestaltung
Format	DIN A4	rund, oval, langer Streifen, Querstreifen, Raute, ...
Farbe	weiß, Farbtöne	Popfarben, Kontrastfarben, marmoriert, transparent
Material	Papier, holzfrei	Synthesepapier, Papyrus, stark holzhaltig, Pergament, Packpapier
Rand	glatt	geriffelt, genarbt, gewellt, gezackt, unregelmäßig, ...
Identifikation des Absenders	Hand- oder Maschinenschrift	Photo, Fingerabdruck, Sternbild als Wasserzeichen, ...
Verschluß des Umschlags	Klebespur	selbstschließende Trickfaltung, Siegel, ...
Dekor	kein besonderes	Rückseite als Poster, Kartons, Wappen, Duft, ...
Einarbeitung ins Papier	Wasserzeichen	Silberfaden, Algen, Hadern, Metallic-Pigmente
Wahrung des Briefgeheimnisses	Klebeverschluß	Siegel, lichtempfindliche Imprägnierung, ...
Erstellung von Kopien	nur gesondert möglich	wie Formsatz zum Durchschreiben

Abb. 22: Attribute-Listing zum Produkt „Briefpapier“ (nach *TFH* 1992)

selbst erfolgten, wird die systematische Ideenfindung in Gruppenarbeit betrieben. Die Gruppengröße sollte 4 – 8 Personen betragen. Wegen der geringen Anforderungen der Methode bedarf es bei diesem Schritt keiner Expertengruppe.

Die eigentliche Ideensuche kann mit Unterstützung bereits erläuterter intuitiv-kreativer Methoden, wie Brainstorming, Brainwriting, Methode 635 etc. erfolgen.

<table>
<tr><td>Merkmal</td><td>derzeitige Lösung</td><td>mögliche andere Gestaltung</td><td rowspan="5">Erarbeitung neuer Ideen erfolgt durch die Gruppe</td></tr>
<tr><td colspan="2"></td><td>➡ z. B. mit Hilfe von Brainstorming</td></tr>
<tr><td colspan="2">Merkmal und Lösung werden vom Moderator vorgegeben</td><td>➡ z. B. mit Hilfe von Brainwriting</td></tr>
<tr><td></td><td></td><td>➡ z. B. mit Hilfe von Methode 635</td></tr>
<tr><td></td><td></td><td>➡ ...</td></tr>
</table>

Abb. 23: Ablaufschema Attribute Listing

Das Ergebnis der Ideensuche für das Beispiel Briefpapier zeigt die Spalte „Mögliche andere Gestaltung". Für das Merkmal „Format" ergibt sich im einzelnen:
rund, oval, langer Streifen, Querstreifen, Raute,...

4. Schritt: Auswahl und Realisierung
Durch die Gruppe sollte nur die Grobauswahl der Änderungen und Verbesserungen vorgenommen werden. Die endgültige Attribute-Listing erstellt im Regelfall der Problemsteller.

Das Ergebnis einer Attribute-Listing-Sitzung zeigt auch Abb. 24.

Merkmal	**Derzeitige Lösung**	**Zielvorgabe**	**Mögliche andere Gestaltung**
Material	Holz	pflegeleichter	Holzimitation wie Kunststoff, Metall
Anzeige	Analog	moderner	Digital, LED, Flüssigkeitsdisplay
Farbe	braun	modischer	schwarz, metallic
Zubehör	ohne	erweitern	Fernbedienung, Anschlüsse für CD, Platten, Synthesizer,...

Abb. 24: Attribute-Listing mit Zielvorgabe für ein neues Radio

Methode der Nebenfeldintegration

Auch die Nebenfeldintegration-Methode eignet sich zur Lösung gut abgegrenzter Analyse- und Konstellationsprobleme. Ihr Haupteinsatzgebiet ist besonders bei der Gestaltung von Neuprodukten zu sehen. Bemerkenswert ist die einfache Vorgehensweise dieser Technik. Grundgedanke der Methode ist die Abstimmung der Lösung auf ihre relevante Lösungsumgebung. Die wichtigsten Ablaufschritte lauten:

1. Untersuchungsgegenstand sind nur die Nebenfelder der Problemlösung. Als Nebenfelder werden z. B. alle Gegenstände angesehen, die in der Nähe eines Neuproduktes verwendet oder aufgestellt werden.
2. Untersuchung bzw. Analyse der Nebenfelder nach ihren Kriterien unter Beachtung ihrer möglichen Ausprägungen.
3. Im force fit folgt die Transformation der in den Nebenfeldern analysierten Kriterien auf die Gestaltung der Lösung.

Hypothesenmatrix

Die Hypothesenmatrix, von *Schlicksupp* entwickelt, ist formal mit der Methode der Morphologischen Matrix vergleichbar. Sie ist besonders dann anwendbar, wenn Probleme vorhanden sind, die für zwei Problembereiche mit geringen Beziehungen zueinander relevant sind (*Geschka* 1976).

Für die beiden ausgewählten Problembereiche sind wesentliche problemgeladene Aussagen in der Form von Hypothesen aufzustellen und in einer Matrix anzuordnen. Die einzelnen Felder werden anschließend auf ihre gemeinsame Relevanz analysiert. Sofern Gemeinsamkeiten festzustellen sind, werden diese durch ein Kreuz in der Matrix markiert. Die Ankreuzungen in den Zeilen und Spalten werden summiert. Die am häufigsten markierte Hypothese wird gekennzeichnet. Unter Einbeziehung des anderen Problembereichs sind für diese Hypothese konkrete Problemstellungen zu formulieren.

5.3 Methoden der systematischen Problemspezifizierung

Progressive Abstraktion

Bei Vorliegen eines vage definierten Problemfeldes läßt sich dieses mit der Methode der Progressiven Abstraktion in unterschiedliche Betrachtungsebenen zerlegen.

Wesentlicher Gegenstand der Methode der Progressiven Abstraktion von *Geschka* (*Geschka* 1976) ist das Stellen einer zentralen Frage: „Worum geht es eigentlich?“. Beispielsweise begegnet man Warteschlangen in den Schalterhallen der Sparkassen am Freitagnachmittag (Problem: Genügend Geldmittel am Wochenende zur Verfügung haben), die aus der verstärkten Nutzung von Geldautomaten mittels Kreditkarten und Kundenkarten resultieren.

Durch wiederholtes Hinterfragen mit derselben Frage wird eine stufenweise Erhöhung des Abstraktionsniveaus erreicht. Hierdurch soll der Problemlösende gezwungen werden, Lösungsansätze für das ausschlaggebende Problem zu finden. Mit dieser Methode werden dementsprechend gezielt neuartige Gesichtspunkte (Suchrichtungen) in die Lösungssuche einbezogen.

Dazu folgendes Beispiel: Die nicht präzisierte Problemstellung laute: **„Entsorgung von alten Sprengstoffen und Treibmitteln (wie Munitionsreste und Munitionsfunde), die Böden und Grundwässer kontaminieren.“**

1. **Stufe:** Wie können diese Sprengstoffe und Treibmittel am wirkungsvollsten entsorgt werden?
   Lösungen: In eine für Sprengstoffe geeignete Abfallgrube schütten; mit einem Betonmantel umhüllen; in stillgelegten Bergwerken deponieren; auf dem Meeresgrund ablagern; in einsame Gegenden versenden; etc.
   Worum geht es eigentlich?
2. **Stufe:** Wie kann erreicht werden, daß keine größeren Mengen an Sprengstoffen und Treibmitteln entsorgt werden müssen?
   Lösungen: Den Abfall so trennen, daß sich zu entsorgende und nicht zu entsorgende Stoffe trennen lassen (mecha-

nisch, thermisch, chemisch, mit Druck); Prozesse so anlegen, daß keine zu entsorgenden Stoffe entstehen; etc.
Worum geht es eigentlich?

3. **Stufe:** Wie kann erreicht werden, daß die Altlasten ihre Gefährlichkeit verlieren?
   Lösungen: Zeit abwarten; Sprengung; offene Verbrennung; Mikroorganismen; etc.
   Worum geht es eigentlich?
4. **Stufe:** Wie kann erreicht werden, daß die Gefahrstoffe nicht mehr entsorgt werden müssen?
   Lösungen: Abfallstoffe teilweise recyclen (hier Metallrecycling); chemisch – biologischer Abbau des Treibmittels (Kombination aus chemischen Aufschluß der Explosivstoffe mittels alkalischer Hydrolyse und anschließendem mikrobiellen Abbau der in Wasser gelösten Produkte in ungefährliche Stoffe), dabei können die Altlasten teilweise zu verwertbaren oder sogar verkaufbaren Produkten umgewandelt werden (durch das Verfahren erfolgt die Umsetzung der organischen Schadstoffe durch Bakterienmischpopulationen zu Kohlendioxid, Überschußwasser und Biomassenschlamm); Prozeß so verändern, daß keine Gefahrstoffe entstehen können; etc.
   Worum geht es eigentlich?
5. **Stufe:** Wie kann erreicht werden, daß durch die Gefahrstoffe keine hohen Kosten entstehen?
   Lösungen: Nachweis der Unbedenklichkeit des jetzigen Verfahrens; Einflußnahme auf die Gesetzgebung

Die KJ – Methode

Bei der KJ – Methode, die vom Japaner ***Kawakita Jiro*** entwikkelt wurde, werden zuerst alle Informationen einer komplexen, ungenauen Problemstellung gesammelt. Danach werden diese Informationen auf standardisierte Kärtchen geschrieben. Es schließt sich eine Clusterbildung der Kärtchen und die Suche nach Oberbegriffen an, die ebenfalls gruppiert werden. Dieser Vorgang wird so lange wiederholt, bis die Oberbegriffe ein Problem deutlich aufzeigen. Zur Lösungsfindung werden zudem die Beziehungen der Clusterstöße untereinander untersucht.

Die NM - Methode

Die NM – Methode ist eine Abwandlung der KJ – Methode. Neben der Informationssammlung auf Kärtchen und deren Gruppierung werden hier zusätzlich Analogien gebildet. Mit Hilfe dieser Analogien werden mehrmals Gruppen gebildet, bis sich eine genaue Problemstellung abzeichnet und so Lösungsansätze gebildet werden können.

Der Relevanzbaum

Der Relevanzbaum ist ein Ordnungsschema, das Einflüsse und Abhängigkeiten zwischen Ereignissen und Entwicklungen der Zukunft abbildet. Durch seine graphische Darstellungsform (graphentheoretisch ist der Relvanzbaum als antisymmetrischer, zusammenhängender Digraph zu bezeichnen) weist er einen hohen Informationsgehalt auf. Anhand logischer Verknüpfungen wird angestrebt, die Bedeutung jedes Mittels zur Verwirklichung eines Ziels darzustellen. Konkret sind die Knoten im Relevanzbaum die Ziele oder Mittel der Zielerreichung für einen zukünftigen Zeitraum und dessen Kanten die Beziehungen zwischen solchen Zielen und Mitteln. Anschließend wird im Relevanzbaum eine Abstufung der einzelnen Einflüsse nach ihrer Bedeutung für ein Hauptereignis bzw. dem Beitrag für die Erreichung eines Oberziels vorgenommen.

Die Relevanzbaumanalyse, die das Ordnungsschema des Relevanzbaums für bestimmte Fragestellungen nach bestimmten Regeln auswertet, dient der Lösung komplexer, innovativer Problemstellungen bei vorgegebener, undifferenzierter Zielfunktion. Zu ihr gehören bei vollständiger Analyse im einzelnen (*Blohm* 4/1979):

1. Prognosen über künftige politische, soziale und wirtschaftliche Situationen.
2. Vorhersagen über die technische Entwicklung.
3. Die Formulierung von Zielen und Mitteln und die Herleitung eines hierarchischen Systems zwischen diesen.
4. Die Bewertung der ermittelten Ziele und Mittel.
5. Die Auswertung.

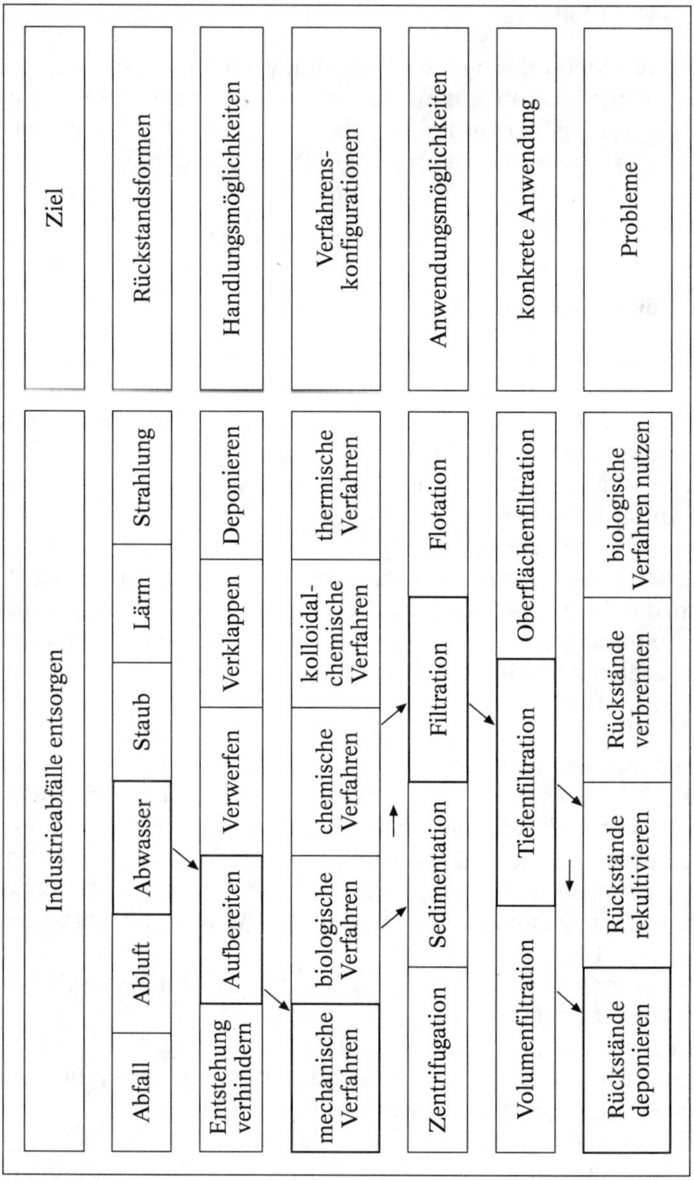

Abb. 25: Beispiel für einen Relevanzbaum

Vorgehensweise: Die Relevanzbaumanalyse ist für Strukturierungs-, Bewertungs- und Auswahlprobleme geeignet. Mit Hilfe der Relevanzzahlen entsteht hier ein Baumgebilde mit gewichteten Zuordnungen. Bewertungskriterien sind z. B. die wirtschaftliche Bedeutung, die Dringlichkeit oder die Durchführbarkeit.

Ausgangspunkt bei der Analyse bildet ein Problem, ein Ziel oder Bündel von Zielen. Durch Ziel-Mittelkombinationen werden Möglichkeiten der Problemlösung oder Zielerreichung gesucht. Das Problem wird hierbei in verschiedene Teilprobleme zerlegt. Die dann entstehende Problemhierarchie gibt der Relevanzbaum wieder. Das Beispiel eines Relevanzbaums zeigt die Abb. 25. Miteinander vergleichbare Ziele oder Mittel werden auf einer Ebene angeordnet. Dabei ergeben sich durch die Verbindungen zwischen den unterschiedlichen Ebenen die Relevanzbeziehungen. Die Relevanzbeziehungen sind auch mit gewichteten Relevanzzahlen, ähnlich der Sequentiellen Morphologie, bewertbar und ermittelbar. Die einzelnen Elemente werden hier nach ihrer Relevanz zur vorangegangenen Ebene bewertet. Ein zur Problemlösung relevantes Mittel der vorangegangenen Ebene wird dabei Zielfigur aller Elemente der nachfolgenden Ebenen. Die unterste Ebene enthält dann eine möglichst umfassende Reihe von Problemlösungspotentialen. Ein weiteres Beispiel eines Relevanzbaums zeigt die Abb. 26.

Bewertung: Die Vorteile der Relevanzbaumanalyse sind:

- Durch seine grafische Darstellungsweise hat der Relevanzbaum eine hohe Informationsdichte.
- Durch die Staffelung der Ziele und Mittel erhält man eine umfassende und systematische Informationsstruktur.
- Anders als der Morphologische Kasten zeigt der Relevanzbaum auch, wie über die Teillösungen eine Gesamtlösung erreicht werden kann.

Seine Nachteile sind:

- Es ist schwierig, alle Einflußgrößen zu gewinnen.
- Eine vollständige Relevanzbaumanalyse ist zeitaufwendig.
- Subjektive Komponenten bei der Vorhersage technischer Entwicklungen können nicht ausgeschlossen werden.
- Auch die Formulierung der Kriterien verursacht oft Probleme.

Die Bewertung der Ergebnisse kann unter anderem auch mit

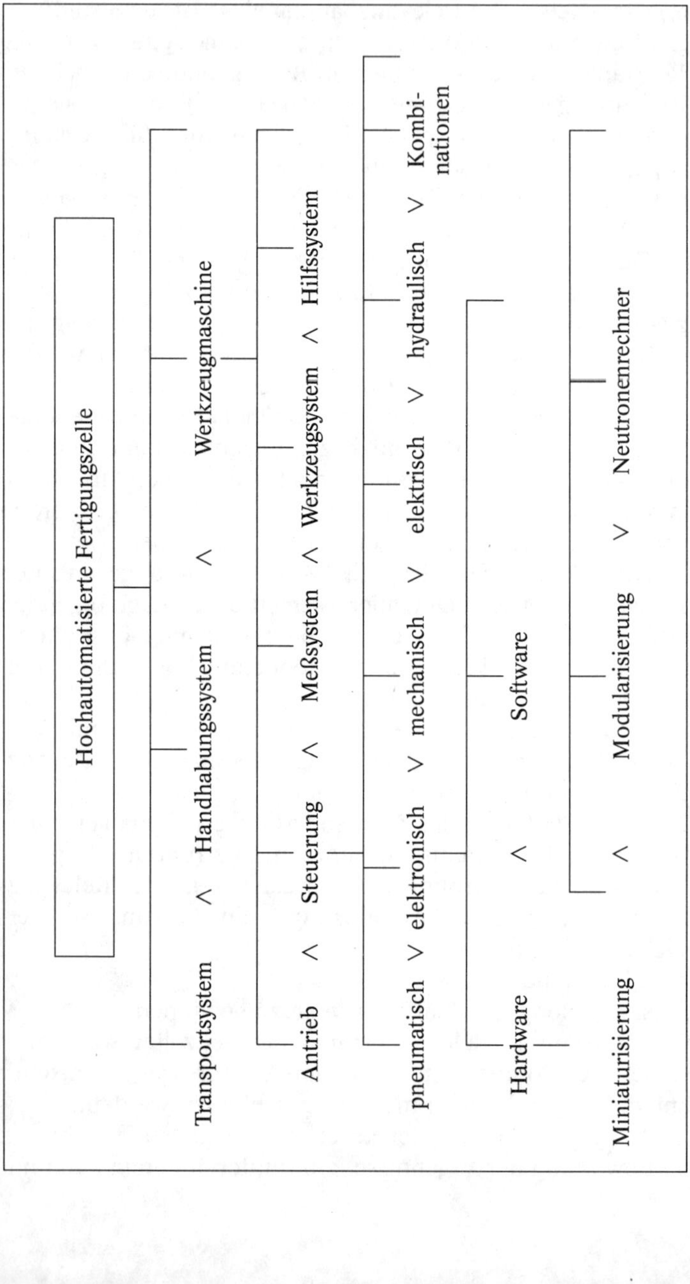

Abb. 26: Hochautomatisierte Fertigungszelle dargestellt als Relevanzbaum (aus *Blohm* 4/1979)

Hilfe des Entscheidungsbaumverfahrens vorgenommen werden. Die Relevanzbaumanalyse wird unter anderem in Unternehmen (*Blohm* 4/1979) für Zielhierarchien, zur Bewertung konkurrierender Entwicklungsprojekte sowie insbesondere im militärischen Bereich als Grundlage für Planungsmodelle (z. B. in den USA *(NASA)* und Frankreich) eingesetzt. Darüber hinaus macht der Relevanzbaum durch seine schrittweise, hierarchische Aufgliederung von Gesamtentwicklungen in einzelne Faktoren die komplexe Struktur übersichtlich und fördert so die lückenlose Übersicht über das Problem, wodurch sich noch nicht realisierte Ideen ableiten lassen. Gegenüber der Morphologischen Methode, welche nur die Kombinationsmöglichkeiten aufzeigt, vermittelt der Relevanzbaum darüber hinaus, wie die Gesamtlösung über bestimmte Teillösungen erreicht werden kann.

Kapitel 6: Weitere Methoden

Die Szenario-Technik – ein Werkzeug der Zukunftsanalyse

Mit dem zunehmenden Einsatz der strategischen Planung in Unternehmen hat auch der Einsatz der Szenario-Technik zugenommen. Sie wird heute als Grundlage einer Vielzahl von quantitativen und qualitativen Planungen eingesetzt.

Die Szenario-Technik wurde Anfang der fünfziger Jahre von Hermann Kahn entwickelt. Ursprünglich wurde sie für militärisch strategische Studien der amerikanischen Regierung für Planungsaufgaben eingesetzt.

Bei der Szenario-Technik (ein Szenario kann als eine Art vorwärts geschriebene Geschichte, d. h. der Darstellung einer angenommenen zukünftigen Lage bezeichnet werden) werden aus der gegenwärtigen Situation heraus systematisch und in logischen Schritten mögliche Zukunftsbilder entwickelt. Je weiter man versucht aus der Gegenwart in die Zukunft zu prognostizieren, desto stärker nimmt die Bedeutung der gegenwärtig wirksamen Faktoren ab. Damit öffnet sich das Spektrum möglicher Zukunftsbilder wie ein Trichter (vgl. Abb. 27). Anders als andere

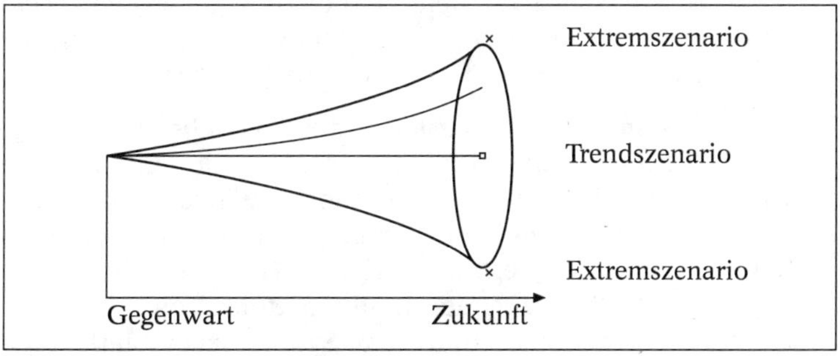

Abb. 27: Trichtermodell der Szenario-Technik (nach Geschka/Reibnitz 1986)

Techniken wird hier nicht von einer einzigen, möglicherweise falschen Prognose ausgegangen, sondern es werden auf der Grundlage mehrerer plausibler Annahmen verschiedene Zukunftsbilder erzeugt. Dabei werden gleichzeitig Störereignisse wie z. B. Trendwendungen oder punktuelle, plötzlich auftretende Ereignisse (Fall der Mauer, Ölkrise) mit eingebunden. Die Szenario-Technik ermöglicht, daß Umwelteinflüsse, wie Technologieveränderungen, politische Einflüsse und Gesellschaftstrends frühzeitig erkannt werden können.

Die acht Schritte der Szenario-Technik

Die Vorgehensweise bei der Szenario-Technik besteht aus acht aufeinander aufbauenden Schritten (*Geschka/Hammer* 1986; *Geschka/ Reibnitz* 1989):

1. **Definition und Strukturierung des Untersuchungsfeldes.** Im ersten Schritt erfolgt die Systemabgrenzung, die Bestimmung seiner Elemente, deren Funktionen und gegenseitige Beeinflussung. Wichtig ist, daß die Aufgabenstellung möglichst genau formuliert wird. Das Ziel ist es demnach, eine fundierte Analyse des gegenwärtigen Untersuchungsfeldes vorzunehmen. Dabei muß auch der Zeithorizont festgelegt werden, für den die Szenarien erarbeitet werden sollen. Dieser ist grundsätzlich branchenabhängig und sehr unterschiedlich anzusehen. Als Faustregel für den Zeithorizont gilt jedoch: Zeitdauer für die Entwicklung einer Innovation bzw. einer Geschäftsaktivität plus ca. 5 – 8 Jahre (Reibnitz 1989).

2. **Identifizierung der wichtigsten Einflußbereiche.** Der zweite Schritt beinhaltet die Erkennung der wichtigsten Umfelder, wie Kunden, Wettbewerb, Technologie, Wirtschaft etc., welche von außen auf das Untersuchungsfeld wirken. Konkret erfolgt hier die Analyse, Strukturierung und Gewichtung der auf die Umfelder wirkenden Einflußfaktoren sowie ihrer Beziehungen zueinander und zum System nach Stärke und Richtung. Wie beeinflußt jeder Bereich bzw. die Einflußfaktoren alle anderen Bereiche? Die Darstellung der ermittelten Er-

gebnisse wird in einer sogenannten Vernetzungsmatrix vorgenommen. Als Hilfsmittel zur Identifizierung der Einflußfaktoren können die Kreativitätstechniken des Brainwriting, wie Brainwriting-Pool, Kärtchen Methode oder Methode 635 genutzt werden.
Aufbauend auf diese Analyse wird ein sogenanntes Null-Szenario erstellt, das die gegenwärtige Situation abbildet und der Prüfung des Szenario-Modells dient.

3. **Ermittlung der Entwicklungstendenzen und Bildung sogenannter Deskriptoren für die Umfelder.** Auf der Basis der Einflußfaktoren werden in diesem Schritt die sogenannten Deskriptoren gebildet. Deskriptoren sind Kenngrößen (Indexzahlen, wobei der Ist-Zustand = 100 gesetzt wird), mit denen die Entwicklung der Umfelder charakterisiert und beschrieben werden kann (wie z. B. die Bevölkerungsentwicklung). Dabei lassen sich für einige Deskriptoren eindeutige Trends abgeben (unkritische Deskriptoren), für die Entwicklung der anderen (alternative bzw. kritische) Deskriptoren wird jeweils ein unterer, mittlerer und oberer Projektionswert angegeben.

4. **Auswahl und Bildung alternativer konsistenter Annahmebündel.** Inhalt des vierten Schritts ist die Prüfung der verschiedenen Alternativentwicklungen untereinander auf Konsistenz und Logik. Grund dafür ist, daß die verschiedenen Ausprägungen der kritischen Deskriptoren nicht alle miteinander verträglich (konsistent) sind. Dabei wird jeder Projektionswert eines Deskriptors mit jedem Projektionswert der übrigen Deskriptoren kombiniert. Die Ergebnisse werden in eine sogenannte Konsistenzmatrix eingetragen. Tatsächlich soll ermittelt werden, welche Ausprägungen sich gegenseitig verstärken, sich gegenseitig ausschließen bzw. neutral zueinander sind. Die Beziehungen werden anschließend bewertet. Von ca. 1000 berechneten Szenarien bleiben letztendlich ca. 15 übrig.

5. **Verbale Ausgestaltung und Interpretation von Präszenarien sowie Auswahl** von drei Präszenarien anhand von Kriterien wie Plausibilität, Unterschiedlichkeit und Eintrittswahr-

scheinlichkeit. Dabei werden die vorher bei der Berechnung unberücksichtigten unkritischen Deskriptoren wieder hinzugefügt. Bei der Formulierung der Zukunftsbilder wird ein pessimistisches, ein optimistisches und ein wahrscheinliches Szenario entwickelt.

6. **Störereignisanalyse.** Der sechste Schritt umfaßt die Sammlung und Einbeziehung trendmäßig nicht erkennbarer, aber vorstellbarer Störereignisse. Störereignisse sind plötzlich auftretende interne und externe Ereignisse, die das Unternehmen verändern können. Außerdem wird eine Analyse von deren Auswirkungen vorgenommen. Die Ermittlung von Störfällen kann anhand der Kreativitätstechniken, wic dcn Methoden des Brainstorming oder Brainwriting, vorgenommen werden.

7. **Ausarbeitung und Formulierung der Szenarien.** Im vorletzten Schritt sind die Szenarien auszuarbeiten und zu formulieren. Zudem sind die Konsequenzen für das Untersuchungsfeld aufzuzeigen. Diese schriftliche Darstellung umschreibt umfangreich und mehr oder weniger komplex die zukünftigen Situationen.

8. **Konzeption von Maßnahmen und Planungen.** Als letzten Ablaufschritt sind entsprechende Maßnahmen für das Unternehmen oder die Organisation zu konzipieren und notwendige Planungen vorzunehmen.

Anwendungseignung: Die Szenario-Technik eignet sich besonders gut, wenn es darum geht eine umfassende Basis für alternative Planungsstrategien zu schaffen. Sie wird in Unternehmen bei Planungsproblemen erfolgreich eingesetzt, wie der Formulierung des Unternehmensleitbildes, der Produktplanung, Diversifikationsplanung, F&E-Planung, Marketing-, Investitions- und Standortplanung. Ihr besonderer Vorteil liegt in der Berücksichtigung der Unsicherheiten über alternative Zukunftsbilder.

Für das Erstellen von Szenarien gibt es keine allgemeingültigen Regeln, die den Teilnehmern vorgegeben werden. Vielmehr müssen die Teilnehmer selbst die inhaltliche Arbeit vornehmen.

Szenario-Workshops erfordern deshalb eine methodisch geschulte und in allen Phasen flexible Moderation. Zudem müssen die Teilnehmer über ein hohes fachspezifisches Wissen und eine hohe Vorstellungskraft verfügen. Nachteilig ist zudem der relativ hohe zeitliche Aufwand für einen Szenario-Workshop sowie die Gefahr der Nichtberücksichtigung aller Einflußfaktoren.

Cross-Impact-Methode

Grundgedanke: Eine besondere Bedeutung kommt der Cross-Impact-Methode im Rahmen der Vorhersage technischer Veränderungen zu. Insbesondere dann, wenn eine einzelne Entwicklung (isolierte Indikatorbetrachtung) zu wenig Aussagekraft hat. So lassen sich z. B. die Auswirkungen technischer Entwicklungen kaum isoliert vorhersagen. Mit der Cross-Impact-Methode (*Blohm* 4/1979) ist es möglich, Veränderungen der Eintrittswahrscheinlichkeit eines Ereignisses unter dem Einfluß anderer Ereignisse zu bestimmen. Diese Wechselbeziehungen werden bei den üblichen Expertenbefragungen, wie bei der Delphi-Methode, zwar bereits berücksichtigt. Die Einbeziehung erfolgt jedoch mehr oder weniger intuitiv. Dagegen werden mit der Cross-Impact-Methode die Wechselbeziehungen in einem Modell detailliert erfaßt, bewertet und verarbeitet. Die durch die Wechselwirkungen verursachten Veränderungen der Eintrittswahrscheinlichkeiten werden mittels eines Algorithmus erarbeitet.

Darstellung und Erläuterung der Vorgehensweise anhand eines Beispiels

Die Vorgehensweise zur Ermittlung der Wechselbeziehungen beschränkt sich auf einige wenige Ablaufschritte. Diese sollen an einem Beispiel erläutert werden.

1. Schätzung der Anfangswahrscheinlichkeiten und Angabe

über die Stärke der Wechselbeziehungen. Zunächst sind als Eingangsdaten für die eigentliche Auswertung von den Teilnehmern die Menge der zu betrachtenden Ereignisse festzulegen. Außerdem müssen ihre Anfangswahrscheinlichkeiten geschätzt werden. Das kann mittels bekannter Kreativitätstechniken, wie z. B. der Delphi-Methode, erfolgen. Die Schätzung sollte aber von Experten vorgenommen werden. Danach ist die Stärke der Wechselbeziehungen zwischen den Ereignissen zu schätzen. Es muß von den Teilnehmern festgelegt werden, wie stark jedes Ereignis auf jedes andere Ereignis wirkt. Das Ergebnis der Bewertung kann in einer sogenannten Wechselwirkungsmatrix (Cross-Impact-Matrix) eingetragen werden (vgl. Abb. 29). Zwischen einem Ereignis e_j und einem e_j beeinflussenden Ereignis sind folgende Einflußmöglichkeiten gegeben (*Blohm* u. a. 1988):

+/- 0,5 = mittlerer positiver (fördernder) bzw. negativer (hemmender) Einfluß von e_i auf e_j

+/- 1,0 = starker (fördernder bzw. hemmender) Einfluß von e_i auf e_j

0 = kein Einfluß von e_i auf e_j

Die eigentliche Berechnung der veränderten Eintrittswahrscheinlichkeiten (der von den Experten geschätzten Anfangswahrscheinlichkeiten) erfolgt mit der sogenannten Cross-Impact-Analyse. Diese wird im folgenden anhand eines Beispiels ausführlicher erläutert.

Ein bedeutendes Ereignis für die Verringerung des CO_2-Ausstoßes der Kraftwerke der Bundesrepublik Deutschland wäre die Stromerzeugung mittels der Wasserstofftechnik (fortschrittliche Elektrolyse (alkalisch oder Membran-Typ)). Experten schätzen die Eintrittswahrscheinlichkeit dieses Ereignisses (e_j) bis zum Jahre 2010 auf 80%. Die Eintrittswahrscheinlichkeit kann aber durch andere wichtige Ereignisse beeinflußt werden, sofern diese davor eintreten. Es sind u. a. die Ereignisse: Die wirtschaftliche Nutzbarmachung der Photovoltaik, die Vervierfachung des Gaspreises durch Aufbrauch der Vorräte sowie der erzwungene Ausstieg aus der Kernenergie. Deren Eintrittswahrscheinlichkeiten zeigt die Abb. 28.

	Ereignis	Wahrscheinlichkeit des Eintretens
e_2	Wirtschaftliche Nutzbarmachung der Photovoltaik	60%
e_3	Vervierfachung des Gaspreises durch Aufbrauch der Vorräte	30%
e_4	Erzwungener Ausstieg aus der Kernenergie	20%

Abb. 28: Geschätzte Eintrittswahrscheinlichkeiten

Die Stärke der Wechselwirkungen zwischen den Ereignissen e_1, e_2, e_3 und e_4 wurde von den Experten wie folgt geschätzt (vgl. Abb. 29):

e_i wirkt auf e_j	e_1	e_2	e_3	e_4
e_1	◆	- 0,5	- 1	0
e_2	- 0,5	◆	- 0,5	0
e_3	+ 1	+ 0,5	◆	- 0,5
e_4	+ 1	+ 0,5	+ 0,5	◆

Abb. 29: Wechselwirkungsmatrix

Die Wechselwirkungsmatrix ist wie folgt zu lesen. Beispielsweise sagt die zweite Matrixzeile aus: Wird die Photovoltaik wirtschaftlich nutzbar gemacht, so wirkt sich das

- hemmend auf die Elektrolyse (- 0,5),
- hemmend auf die Gaspreiserhöhung (- 0,5),
- neutral auf den Kernenergieausstieg (0) aus.

Nachdem im ersten Schritt die Anfangswahrscheinlichkeiten sowie die Stärke der Wechselwirkungen bestimmt wurden, erfolgt in den nächsten Schritten die eigentliche Berechnung. Für die simulative Cross-Impact-Analyse bedeutet dies als nächsten Schritt (vgl. auch die Übungsaufgabe, die der weiteren Erläuterung der Cross-Impact-Methode dient):

2. **Zufällige Reihenfolge festlegen.** Bei jedem Simulationslauf werden die vier Ereignisse mit Hilfe von Zufallszahlen in eine neue zufällige Reihenfolge gebracht. Beispielsweise ergaben die Zufallszahlen als Reihenfolge des ersten Laufs: e_3, e_1, e_4, e_2.

3. **Eintrittsüberprüfung.** In der vorher ermittelten Reihenfolge wird nun mit (gleichverteilten) Zufallszahlen entschieden, ob das Ereignis eingetreten ist oder nicht. Sofern die Zufallszahl größer als die geschätzte Eintrittswahrscheinlichkeit der Experten ist, wird das Ereignis als nicht eingetreten registriert und nicht weiter verfolgt. Ist die Zufallszahl kleiner oder gleich, gilt das Ereignis als eingetreten und wird im Ereigniszähler notiert. Beispielsweise sind die Zufallszahlen des 1. Laufs: 42, 03, 15, 70. Die Schätzung der Experten für das Ereignis e_3 betrug 30% (Anfangswahrscheinlichkeit). Da nun die Zufallszahl 42 (%) größer ist als die Anfangswahrscheinlichkeit $\Rightarrow$ Ereignis ist nicht eingetreten. Die Anfangswahrscheinlichkeit für e_1 = 80%, Zufallszahl = 03 $\Rightarrow$ Ereignis ist eingetreten.

4. **Berechnung des Einflusses des eingetretenen Ereignisses auf die anderen.** In diesem Schritt wird der Einfluß des *ersten eingetretenen Ereignisses* (hier: e_1) auf die verbliebenen Ereignisse untersucht. Im angeführten Beispiel wird geprüft, ob das Ereignis e_1 einen fördernden, hemmenden oder keinen Einfluß auf die verbleibenden Ereignisse ausübt (das zuvor untersuchte Ereignis e_3 wird als nicht eingetreten notiert und deshalb nicht weiter verfolgt). Zur Berechnung der neuen Eintrittswahrscheinlichkeiten nutzt man die sogenannte Cross-Impact-Gleichung, die von einer quadratischen Beziehung zwischen der Eintrittswahrscheinlichkeit p_i und der veränderten Eintrittswahrscheinlichkeit p_{ij} ausgeht (zur Berechnung und den mathematischen Voraussetzungen vgl. *Schwander* 1977):

$$p_{ij} = a\, p_i^2 + (1-a)\, p_i$$

Die Beziehungen zwischen a und dem Cross-Impact-Faktor c können aus dem Wechselwirkungsdiagramm herausgelesen werden (dabei gilt: c = -a). Das Wechselwirkungsdiagramm (vgl. Abb. 30) zeigt also die Richtung und die Stärke des Einflusses. Dabei gilt:

- für Werte oberhalb der Diagonalen $0 < c \leq 1$ ein positiver, fördernder Einfluß von e_j auf e_j
- für Werte unterhalb der Diagonalen $-1 \leq c < 0$ ein negativer Einfluß von e_j auf e_j
- für Werte auf der Diagonalen $c = 0$ gilt: kein Einfluß von e_j auf e_j

Im Beispiel wirkt das erste eingetretene Ereignis e_1 (entsprechend der Wechselwirkungsmatrix) auf die verbliebenen Ereignisse e_4 neutral und auf das Ereignis e_2 mit dem Faktor –

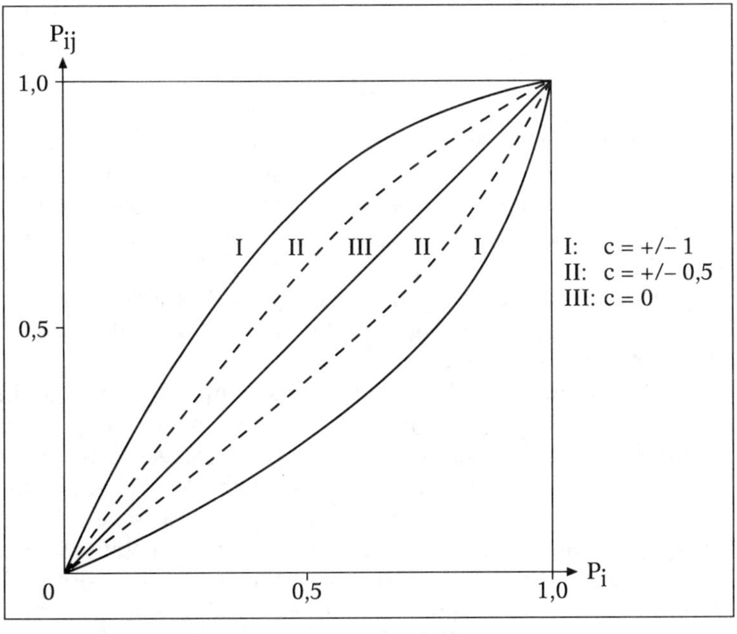

Abb. 30: Wechselwirkungsmatrix (nach Blohm u.a. 1988)

0,5. Damit bleibt die von den Experten geschätzte Eintrittswahrscheinlichkeit für e_4 gleich (20%). Für e_2 verringert sich die geschätzte Eintrittswahrscheinlichkeit von 60% auf 48%. Mit Hilfe der neuen Eintrittswahrscheinlichkeiten und der Zufallszahlen wird nun entschieden, ob die Ereignisse eintreten oder nicht. Ein Ereignis tritt ein, sofern die neue Wahrscheinlichkeit größer oder gleich der Zufallszahl ist. Falls ein Ereignis eintritt, wird sein Zähler um 1 erhöht. Bezogen auf das Beispiel: $e_4 = 20\%$, Zufallszahl = 15 ⇒ Ereignis ist eingetreten. Für das Ereignis $e_2 = 48\%$, Zufallszahl = 70 ⇒ Ereignis ist nicht eingetreten.

5. **Berechnung der Endwahrscheinlichkeiten.** Der Ablauf wird so lange wiederholt, bis alle Ereignisse berücksichtigt sind. Um zuverlässige Ergebnisse zu erhalten, sind mindestens 1000 Simulationsläufe notwendig.
   Als Ergebnis der Simulationsläufe erhält man die veränderten Eintrittswahrscheinlichkeiten, die sich wie folgt errechnen:

$$P_i\,E = \frac{\Sigma \text{ der Eintritte } e_i}{\Sigma \text{ der Simulationsläufe}}$$

Anwendung: Dem Mangel der meisten Prognosemethoden, Ereignisse und Entwicklungen unabhängig voneinander zu betrachten, wird mit der Cross-Impact-Methode entgegengewirkt. Es lassen sich Einflußrichtungen und -stärken von wahrscheinlichen Entwicklungen bewußter machen und in Planungsüberlegungen mit einbeziehen. Zudem lassen sich Eintrittswahrscheinlichkeiten von neuen Produkten/Verfahren durch Überprüfung von Detaillösungen berechnen.
Bei der Cross-Impact-Methode ist kritisch anzumerken, daß die Ergebnisse der Analyse stark von der Qualität der subjektiven Schätzungen der Experten abhängig sind. Sie weist somit die gleichen Nachteile auf, wie die Delphi-Methode. Weiterhin sind als Nachteile die Voraussetzungen der quadratischen Beziehung zwischen Anfangswahrscheinlichkeit und beeinflussender Wahrscheinlichkeit sowie der linearen Entwicklung von Einflußstärke und -zeit zu nennen (*Schwander* 1977). Zudem besteht die Gefahr der Doppelbewertung von Einflüssen, da bei der

Schätzung der Anfangswahrscheinlichkeiten die Wechselwirkungen unbewußt mitberücksichtigt werden. Dennoch stellt sie eine sinnvolle Ergänzung des Methodenrepertoirs dar und ist insbesondere bei Szenario-Analysen einsetzbar.

Die Simulation

Die Simulation ist zwar im engeren Sinne keine Kreativitätstechnik, ihr Anwendungsgebiet ist aber vielseitig. Simulation kann als zielgerichtetes Experimentieren am Modell bezeichnet werden (*Blohm* u. a. 1988). Die wesentliche Fragestellung lautet hier : *Was wäre, wenn...?*

Ziel der Simulation ist, mit Hilfe systematischer Veränderung, Beobachtung und Analyse des Modells Rückschlüsse auf die Struktur und Eigenschaften der Wirklichkeit zu ziehen. Die Simulationstechnik kann insbesondere dann eingesetzt werden, wenn das Experimentieren am realen System zu gefährlich (z. B. Flugsimulator) bzw. zu teuer ist oder zu viel Zeit (z. B. Cross-Impact-Methode) in Anspruch nehmen würde.

Die grundsätzliche Vorgehensweise umfaßt neun Ablaufschritte (*Blohm* u. a. 1988). Wegen ihrer vielseitigen Anwendbarkeit in fast allen Wissensgebieten (Technik, Wirtschaft, Sozialwissenschaften, Naturwissenschaften) gibt es jedoch nur allgemeingültige Verfahrensschritte, die es im Einzelfall zu konkretisieren gilt:

1. Problemstellung (Formulierung und Abgrenzung des Problems).
2. Erstellung eines Anforderungskatalogs der möglichen und gewünschten Eigenschaften.
3. Analyse des realen Problems.
4. Methodische Vorgehensweise zur Problemlösung erstellen.
5. Ablaufdiagramm erstellen und Modell des realen Systems entwickeln (z. B. Computersimulationsmodell).
6. Test- und Simulationslauf durchführen, Ergebnisauswertung.
7. Überprüfung und Korrektur der Analyseergebnisse.
8. Darstellung der Lösung und Lösungsmethode.
9. Übertragung auf das Realsystem unter Berücksichtigung der Wirtschaftlichkeit.

Die wesentlichen Vorteile der Simulation sind:

- Bei komplexer Problembearbeitung wird eine Kosteneinsparung erzielt.
- Ein geringerer Zeitaufwand ist nötig.
- Die Parameter können leicht verändert werden.
- Mit Hilfe der Simulation ist eine einfache Darstellung komplexer Systeme möglich.
- Risikoverringerung durch den Einsatz der Simulation.
- Durch den Einsatz werden Lerneffekte verbessert.

Zu den wichtigsten Nachteilen sind zu zählen:

- Man erhält nur eine Näherungslösung, keine exakten Werte.
- Zumeist ist eine vollständige Datenerfassung, ein vollständiges Modell unmöglich.
- Probleme ergeben sich auch bei der Gültigkeitsüberprüfung.

Anwendung: Die Anwendungsgebiete der Simulation sind vielseitig. Für die Ideenfindung können auf dem Weg des methodischen Probierens in dynamischen Simulationsmodellen günstige Gesamtkonstellationen gefunden werden. Beispielsweise betrachtet man zunächst die Zustandsgrößen eines Simulationsmodells (Forschungsaufwendungen, Gewicht der Konstruktionen, Preise und Steuern) und unterstellt dynamische Beziehungen zwischen diesen. Dann baut man ein Differentialsystem auf. So kann der zeitliche Verlauf jeder in das Modell eingebrachten Zustandsgröße als Ergebnis erhalten werden (*Hoffmann* 1972).

Kapitel 7: Übungsteil zur Steigerung des kreativen Verhaltens

Vorab einige Anmerkungen. Die folgenden Übungsaufgaben sind Unterhaltung, Spiel, Bildung und Anregung zugleich. Mit ihrer Hilfe können die für die Kreativität wichtigen Eigenschaften gesteigert werden. Aber auch wenn die Übungsaufgaben teilweise einfach erscheinen, sie dürfen gewiß nicht unterschätzt werden.

Steigerung der Vielseitigkeit

Übungsaufgabe 1

Spielerisch kreatives Denken zu erlernen ist uns bereits seit der Jugend bekannt. Erinnert sei hier beispielsweise an das bekannte Stadt/Land/Fluß-Spiel. Ein Teilnehmer buchstabiert im Stillen das Alphabet bis ein anderer Spieler Stop sagt. Ausgehend von den Oberbegriffen Stadt – Land – Beruf – Fluß – Tier – Name müssen jetzt alle Teilnehmer den Oberbegriffen Lösungen zuordnen, die mit dem ermittelten Buchstaben beginnen. Wenn der erste fertig ist, wird abgebrochen und ausgezählt. Dabei erhält man für einmalige Lösungen die doppelte Punktzahl, was den Reiz des Spieles steigert. Vielfältige Variationsmöglichkeiten sind denkbar.

Übungsaufgabe 2

Es geht bei dieser Übung darum, eine möglichst lange Kette von Wörtern zu bilden. Ausgehend vom ersten Wort mit zwei Buchstaben, soll das zweite drei Buchstaben haben, das dritte vier etc. Als Einschränkung ist jedoch zu berücksichtigen, daß die Buchstaben des vorherigen Wortes jeweils im nächsten mit einzubeziehen sind.

Beispielsweise:

ei nie sein seine Steine steigen steigern

Bilden Sie nun selber eine Wortkette mit mindestens sieben Wörtern!

Übungsaufgabe 3

Bei dieser Aufgabe sollen einige vorgegebene Buchstaben (die Anzahl kann variiert werden) sinnvoll zu Sätzen ergänzt werden. Je mehr Sätze gebildet werden können, desto vielseitiger ist man einzuschätzen. Beispielsweise die Buchstaben:

	B	K	S	H
1.	Bitte	komme	schnell	her!
2.	Bernd	kann	Steine	heben.
3.	Bringe	Katrins	Schwester	heim!

Übungsaufgabe 4

Die folgende Aufgabe besteht darin, aus *allen* Buchstaben des Alphabets eine möglichst originelle Geschichte zu erfinden. Hierbei darf jedoch jeder Buchstabe nur einmal benutzt werden und zudem muß die Reihenfolge des Alphabets eingehalten werden.

Beispiel	Eigene Ideen
Alle	
Berliner	
Choreographen	
Die	
Eine	
Feier	
Geben	
Haben	
Indirekt	
Jetzt	
Keine	
Lust	
Mehr	
Nur	
Ohne	
Pass	
Quälend	
Rumzusitzen	

Sondern
Träumen
Und
Versuchen
Weitere
X-mal
Yeties
Zusammenzubringen

Steigerung der Beweglichkeit und der Originalität

Übungsaufgabe 5

Kreatives Verhalten zeichnet sich, wie im ersten Kapitel dargestellt, unter anderem dadurch aus, daß man sich beweglich auf neue Aufgaben einstellen kann, die durch bisherige Erkenntnisse nicht gelöst werden konnten.

Die folgende Übung soll bewegliches Verhalten steigern. Zwar muten die Aufgaben vielfach einfach an, sie dürfen jedoch, auch wenn die Lösung rasch gefunden werden kann, nicht unterschätzt werden. Bevor Sie daher eine der unvollständigen Wortgleichungen lösen, überlegen Sie erst einen Moment.

Ziel der Aufgabe ist es, ausgehend vom ersten Wortverhältnis, in dem die beiden Wörter der Gleichung zueinander stehen, für den zweiten Teil der Gleichung eine Lösung zu finden.

Beispielsweise verhält sich hell zu dunkel, wie heiß zu kalt. Gesucht wird im folgenden das vierte Wort der Gleichung, das in einem gewissen Verhältnis zum dritten Wort steht und zwar so, wie das zweite zum ersten Wort.

1. Garten : Hecke = Burg : ?
   a) Hof b) Mauer c) Tor d) Graben

2. Schmetterling : Raupe = Frosch : ?
   a) Lurch b) Kaulquappe c) Froschlaich
   d) Froschschenkel

3. Schraube : Schraubenzieher = Nagel : ?
   a) Beißzange b) Bild c) Hammer d) Holz

4. Suppe : Salz = Krimi : ?
   a) Kommissar b) Gift c) Held d) Spannung

5. Leiter : Sprosse = Buch : ?
   a) Titel b) Seite c) Bücherschrank d) Zeitschrift

6. Schneider : Schere = Schreiner = ?
   a) Säge b) Zange c) Hobel d) Leim

7. Start : Ziel = Morgen = ?
   a) Tag b) Mittag c) Abend d) Mitternacht

8. Wind : Segelschiff = Wasser = ?
   a) Mühlrad b) Wellen c) Wasserfall d) Strömung

9. Kuh : Eber = Henne : ?
   a) Stute b) Pute c) Ferkel d) Kater

10. heiß : Temperatur = heute : ?
    a) gestern b) Gegenwart c) morgen d) Zeit

Übungsaufgabe 6

Die Magischen Quadrate: Magische Quadrate wurden schon vor Jahrhunderten eingesetzt. So fertigte vor 450 Jahren *Albrecht Dürer* seinen Stich *Melancholie* an. Unter anderen Symbolen ist dabei auch ein magisches Quadrat zu finden. Bei magischen Quadraten sind die entsprechenden Zahlen so angeordnet, daß sie in allen horizontalen, vertikalen und diagonalen Reihen die gleiche Summe haben. Neben Zahlenquadraten, die in allen

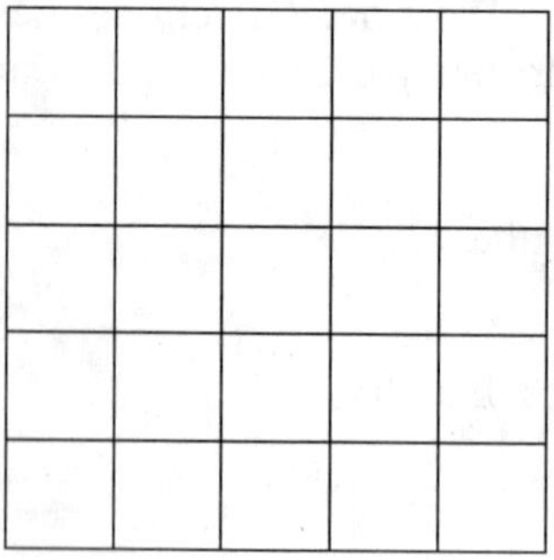

Bild 1

Richtungen die gleiche Summe ausmachen, gibt es auch Buchstabenquadrate, die in allen Richtungen das gleiche Wort ergeben. Zur Lösung dieser magischen Quadrate gibt es verschiedene Strategien. Die einfachste ist allerdings mit viel Arbeit verbunden. Versuchen Sie folgende Aufgabe zu lösen. Welche Problemlösungsmöglichkeiten sind denkbar?

In die 25 Felder des Quadrats (Bild 1) sind die Zahlen 1 – 25 so anzuordnen, daß die Summen der Zahlen in jeder vertikalen, horizontalen und diagonalen Reihe gleich sind.

Übungsaufgabe 7
Die Übung besteht darin, auf ein Blatt Papier fünf Geraden zu zeichnen und auf diese 10 Steine zu verteilen, so daß auf jeder Geraden genau 4 Steine vorzufinden sind.

Übungsaufgabe 8
Sehen Sie sich die folgende Gruppe von Großbuchstaben des lateinischen Alphabets an.

S H O N I X ?

Welcher Buchstabe muß an die Stelle des Fragezeichens gesetzt werden?

Übungsaufgabe 9
Sehen Sie sich nun die folgende Buchstabengruppe an und setzen Sie an die Stelle des Fragezeichens den richtigen fehlenden Buchstaben.

B C D E I K O X ?

Steigerung der Assoziationsfähigkeit und der Analogiebildung

Übungsaufgabe 10
In der folgenden Übung sind 25 zusammengesetzte Wörter zu finden, deren Bestandteile durch andere Wörter umschrieben worden sind.

Beispielsweise ergibt: Handwerker + Landwirtschaftlicher Arbeiter = Spinne

Dies entspricht der Lösung: Weber + Knecht = Weberknecht

1. fußlose Insektenlarve + Frauenkurzname = Nebenfluß des Amazonas
2. Speisevorbereiter + persönliches Fürwort = Nebenfluß des Neckar
3. Edelmetall + Niederschlagsform = giftiger Zierstrauch
4. Schiffsbegrenzung + Wasser (franz., plural) = Stadt in Frankreich
5. Süßmittel + Kopfbedeckung = Berg bei Rio de Janeiro
6. Hebewerkzeug + persönliches Fürwort = Sumpfvogel
7. männliche Person + Zuhause = süddeutsche Stadt am Rhein
8. Adverb + unedles Metall = staatenbildende Insekten
9. Jahreszeit + Dauer + Lotterieanteilscheine = Wiesenpflanze
10. Gegenteil von alt + Gegenteil von Mann = Berg in den Berner Alpen
11. Grundstücksbegrenzung + Herrschertitel = Singvogel
12. Arzneimittelformen + Metallarbeiter = Blatthornkäfer
13. Hain + Handwerkertitel = aromatisches Kraut
14. Fragewort + Tapferkeit = Beifußart
15. Meeresküste + Schachfigur = Schnepfenvogel
16. Grundfarbe + Verkleinerungsform eines Halsteiles = Singvogel
17. Verpackungsart aus Karton + Stengel = urtümliche Pflanze
18. nicht geschlossen + kleines Gewässer = Stadt am Main
19. starke Kälte + umgangssprachlich für Voyeur = Schmetterling
20. Farbe + Zustand = Kurort im Harz
21. getrocknetes Gras + Schaudern = Flügeltier mit Sprungbeinen
22. Herrschertitel + Sitzmöbel = Gebirge im Breisgau
23. Edelmetall + Anstreichmittel = Gartenpflanze mit duftenden Blüten
24. Hausbedeckung + feuchte Niederung = süddeutsche Stadt
25. Gebirgsnische + Taufzeugen = Gebirge im südöstlichen Mitteleuropa

Übungsaufgabe 11

Ein Teppichläufer hat ein Muster von sieben Glocken (vgl. Bild 2). Dieser Läufer soll nun durch drei gerade Linien in sieben Teile zerschnitten werden, so daß sich auf jedem Teil noch genau eine Glocke befindet.

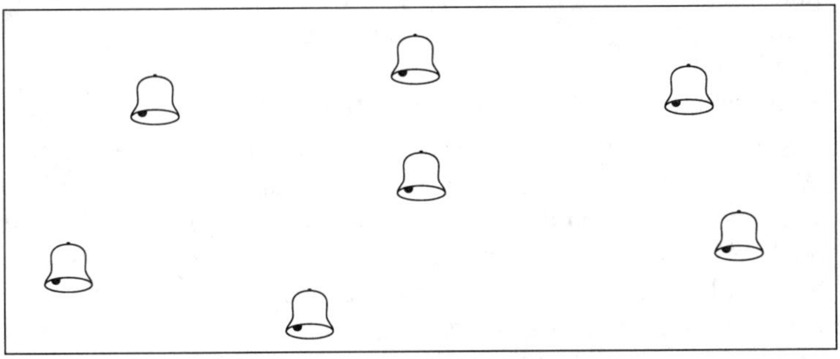

Bild 2

Übungsaufgabe 12

Die Wirtin der Werkskantine hatte zwei karierte Tischtücher. Das eine war 60 cm × 60 cm und das andere 80 cm × 80 cm groß (Bild 3). Sie wollte wegen des Besuchs eines ausländischen Gasts daraus eine karierte Tischdecke von 100 cm × 100 cm nähen. Ein Mitarbeiter des Werks versprach ihr, die Mühe auf sich zu nehmen. Er versicherte der Wirtin, jede Tischdecke würde in höchstens zwei Teile zerschnitten werden, und kein einziges Karo würde dabei geteilt. Der Mitarbeiter hielt sein Wort. Aber wie hat er die Teile zerschnitten und wieder zusammengenäht?

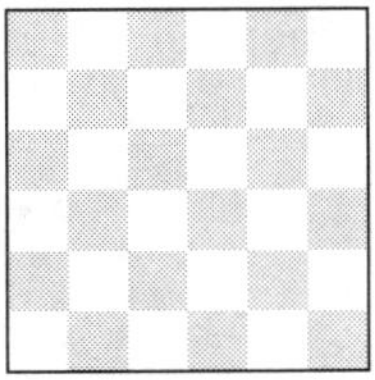

Bild 3a

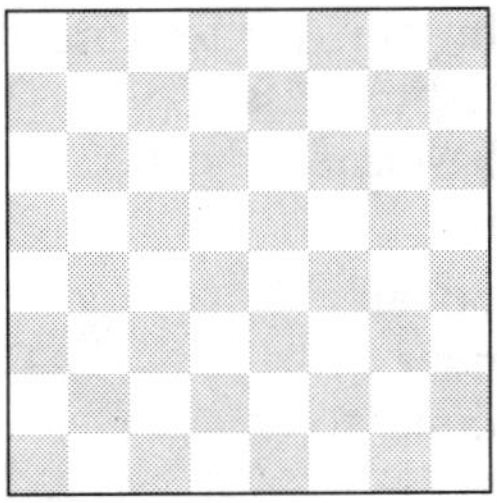

Bild 3b

Übungsaufgabe 13

Lassen Sie sich Kombinationen von Wörtern einfallen und versuchen Sie die neuen Wörter zur Lösung bisher nicht gelöster Probleme zu nutzen. Können Sie mit den Beispielen etwas anfangen?

Radionase	Metallkunststoff
Eisofen	Eierchip
Armknie	Wurzelball
Rechenauge	Luftreaktor

Sie werden diese Übung vielleicht als unsinnig bezeichnen. Wenn Sie aber sorgfältig das Buch gelesen haben, werden Sie sich vielleicht erinnern, das durch Kombinationen bekannter Sachverhalte bisher unbekannte Lösungen kreativ entwickelt werden können. Wenn Sie sich einige Jahrzehnte zurückversetzen, dann hätten die damaligen Experten bei den folgenden Neukombinationen sicher auch Unverständnis gezeigt.

Flüssigkeitskristalle	Bildtelefon
Keramikmotor	Einwegkamera
Luftgütemeßstadion	Glasfaser
Walkman	Satellitenantenne

Steigerung der Kombinationsfähigkeit

Übungsaufgabe 14

Die Übung soll Ihre Kombinationsfähigkeit steigern. Dazu sehen Sie im folgenden 16 zusammengesetzte Wörter. Suchen Sie die wörtlichen Gegenteilpaare dieser Wörter. Kehren Sie dabei jeden Bestandteil der zusammengesetzten Wörter in sein Gegenteil um. Nur ein Wortteil umzukehren, wie z. B. Eingabe – Ausgabe, ist nicht zulässig!

Beispielsweise ist das Gegenteilpaar von Dameneinzel – Herrendoppel

1. Dachboden
2. Altwasser
3. Einnahme
4. Tiefsee
5. Fingerring

6. Abhang
7. Tiefdruck
8. Einkommen
9. Aufnahme
10. Tiefland
11. Nachtschatten
12. Hinterkopf
13. Aufgabe
14. Nachdruck
15. Junggeselle
16. Nachkommen
17. Hochsee
18. Unterarm

Übungsaufgabe 15

Bilden Sie jetzt mit den zusammengesetzten 12 Zeitwörtern Gegenteilpaare.

1. einschreiben
2. überlaufen
3. weghören
4. annehmen
5. abblasen
6. nachgeben
7. ausziehen
8. unterbringen
9. einholen
10. vorstehen
11. hinfahren
12. anbringen

Übungsaufgabe 16

Versuchen Sie nun selber ihr Glück und bilden Sie 5 Gegenteilpaare.

Übungsaufgabe 17

Wenn zusammengesetzte oder auch längere Wörter, zwar entsprechend den Trennvorschriften der deutschen Rechtschreibung (die Trennvorschriften gelten zumindest noch bei der

Drucklegung des Buches) jedoch ohne den Wortsinn zu beachten getrennt werden, können merkwürdige Ergebnisse herauskommen. Beispielsweise das Wort Urinstinkt, daß bei falscher Trennung Urin-stinkt ergibt. Im folgenden sehen Sie 10 entsprechend den Trennvorschriften getrennte Begriffe, bei denen nur der erste Bestandteil ein sinnvolles Wort ergibt. Der zweite Wortbestandteil ist ungeordnet in die rechte Spalte eingetragen.

Fügen Sie die Bestandteile zu 10 Begriffen zusammen!

1. SPARGEL	LUNG
2. VATI	POT
3. OBERIN	TE
4. GRAUEN	TISATION
5. BARDE	DER
6. SPARTA	SPEKTOR
7. ABTEI	KAN
8. AMOR	RIF
9. STIEFEL	KEN
10. ANDEN	TERN

Übungsaufgabe 18

Im folgenden sehen Sie wieder 10 getrennte Begriffe, wobei sowohl die erste als auch die zweite Spalte durch die diesmal entgegen den Trennvorschriften vorgenommenen Trennung sinnvolle Wörter ergeben. Führen Sie jeweils ein Wort der ersten und zweiten Spalte zu einem sinnvollen Gesamtwort zusammen.

1. ABS	TRAUM
2. MUS	UR
3. GEGEND	EI
4. TRAN	REIBUNG
5. SCHAL	TAND
6. SKALP	IDEN
7. DRESS	ELLE
8. ERLE	SPORT
9. ALK	TANG
10. ABT	RUCK

Übungsaufgabe 19

In einem Restaurant einer Kleinstadt standen vier Tische, je einer an jeder der vier Wände. 21 hungrige Bauarbeiter kehrten auf dem Heimweg von ihrer Arbeitsstelle ein, um das Abendmenue zu essen. Der Wirt wurde von den Bauarbeitern mit eingeladen. Es ergab sich folgende Sitzordnung: An drei Tischen saßen je sieben Bauarbeiter und an dem vierten Tisch saß der Wirt allein (vgl. Bild 4). Im Laufe ihrer Unterhaltung vereinbarten die Bauarbeiter mit dem Wirt, daß derjenige die Rechnung zahlen muß, der beim Abzählen als letzter übrigbleibt. Dazu sollten alle Anwesenden, inklusive des Wirtes, im Kreis (Uhrzeigersinn) durchgezählt werden. Jeder siebente, so wurde vereinbart, sollte von der Bezahlung frei kommen. Als letzter blieb natürlich der Wirt übrig.

1. Welcher Bauarbeiter hatte beim Abzählen begonnen?
2. Welcher Bauarbeiter hätte mit dem Abzählen beginnen müssen, wenn an jedem Tisch nicht sieben, sondern nur je vier Personen gesessen hätten?

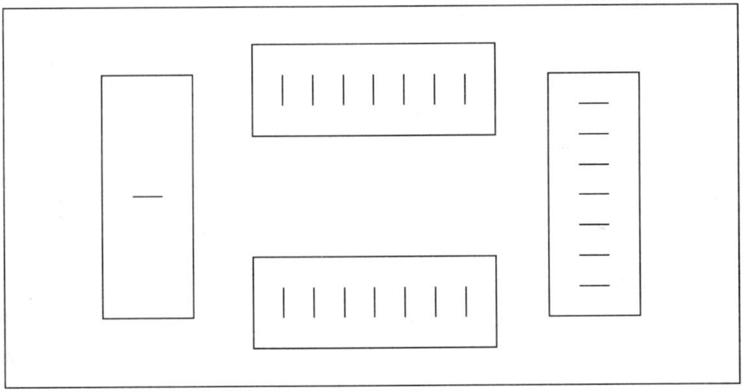

Bild 4

Übungsaufgabe 20

Die Aufgabe besteht darin, ausgehend von der Pyramide die Kombinationsmöglichkeiten zu ermitteln, das Wort MISSISSIPPI zu schreiben!

M
I I
S S S
S S S S
I I I I I
S S S S S S
S S S S S S S
I I I I I I I I
P P P P P P P P P
P P P P P P P P P P
I I I I I I I I I I I

Übungsaufgabe 20
Welche Tiere verbergen sich hinter den Buchstabenreihen?

1. SRONHAN
2. ROKLIDKO
3. MERLEIHN
4. MEADRORD
5. EGULTENF
6. RECHTIFOST
7. FERAFIG
8. SEMLEDUFAR
9. NEHPILD
10. SPENGLAKRACHLEP

Steigerung des Denkvermögens

Übungsaufgabe 22
Die folgende Übung soll nicht nur Ihre Konzentrationsfähigkeit erhöhen, sondern auch Ihr Unterscheidungsvermögen und Ihre Erkennungsfähigkeit erhöhen. Dazu folgende Aufgabe für die Sie 10 Minuten Zeit haben.

Bilden Sie aus den vorhandenen Buchstaben des Wortes

SCHAUSPIELER

so viele neue Wörter, wie Ihnen in der Zeit einfallen. Bei jedem gebildeten neuen Wort müssen mindestens 3 Buchstaben des vorgegebenen Wortes (Schauspieler) verwendet werden. Jeder Buchstabe darf nur so oft genutzt werden, wie er im Ursprungswort vorhanden war. Die neuen Wörter dürfen keine Fremdwörter sein und müssen sich im Rechtschreib-Duden wiederfinden lassen.

Beispiel 1: INDIVIDUALITÄT

alt	Individual	Tadel
Atue	Land	Tal
Aula	Laute	Tand
den	Laune	Tau
Dia	Leid	Teil
Diät	Natte	Tilde
die	Navel	Tina
Diva	Neid	Titan
Dual	Neu	Titel
Dualität	Nevada	und
Duden	Nie	viel
Ideal	Nil	Vital
		...

Beispiel 2: STRASSENBAHN

Aas	basta	Rasen
aasen	Beat	Rasse
Ars	Haar	Rat
Art	Haben, haben	raten
Ast	Hase	Rest
ASTA	hassen	Saat
Aster	Hast	saen
Bahn	hasten	Star
Banane	Nabe	Steh!
Bar	Narbe	Straße
Basar	Nase	Tasse
Base	Nass	...
Basset	Rabe	
Bast	rasant	

Übungsaufgabe 23

Bild 5 zeigt eine Wiese, die in sieben Standplätze der ansässigen sieben Landwirte eingeteilt ist. Aufgabe ist es, die sieben Standplätze durch einen elektrischen Zaun zu verbinden, damit die Tiere der Landwirte nicht durcheinander geraten. Der Zaun darf sich jedoch nirgendwo überschneiden und nirgendwo unterbrochen werden.

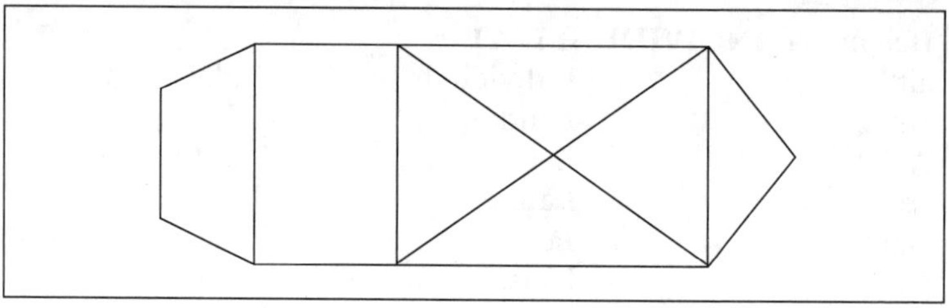

Bild 5

Übungsaufgabe 24
Die Aufgabe besteht darin, ein Hexagon, daß heißt ein regelmäßiges Sechseck, nur durch falzen eines quadratischen Stücks Papier zu konstruieren.

Übungsaufgabe 25
Die Aufgabe besteht darin, ein Blatt Papier so zu falten, daß eine Ecke die gegenüberliegende Kante berührt. Die Voraussetzung ist, daß die Falzkante so kurz wie möglich ist.

Übungsaufgabe 26
Im folgenden sehen Sie eine Reihe von Buchstaben. Streichen Sie vier Konsonanten und Sie erkennen ein Wort, welches in jedem Duden zu finden ist.

VILOEKROKMOOTNSIVONFAUNETHERERN

Lösungen der Übungsaufgaben

Lösung Übungsaufgabe 5

1. b = Mauer
2. b = Kaulquappe
3. c = Hammer
4. d = Spannung
5. b = Seite
6. a = Säge
7. c = Abend
8. a = Mühlrad
9. d = Kater
10. d = Zeit

Lösung Übungsaufgabe 6

Durch probieren kann man die Aufgabe natürlich lösen, allerdings ist dieser Weg sehr zeitaufwendig. Es existiert jedoch zur Entwicklung der Zahlenanordnung eine einfache und leicht ein-

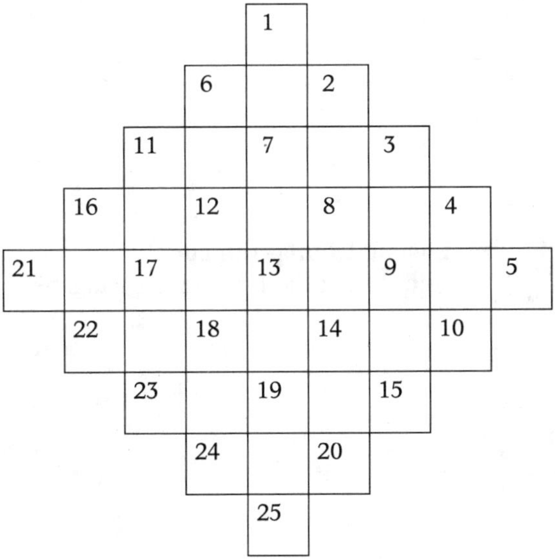

Bild 6

prägsame Methode. Dazu ordnet man die Zahlen wie in Bild 6 dargestellt an. Als erstes baut man an das Quadrat an jede Seite vier Felder an. Danach werden in die schräg verlaufenden Reihen die Zahlen 1 – 25 hintereinander eingetragen. Anschließend werden die außerhalb des 5 × 5 Felder-Quadrates liegenden Zahlen jeweils um fünf Felder nach unten, oben, rechts bzw. links verschoben. Und zwar soweit, daß sie dadurch die freien Plätze belegen. Das Ergebnis ist im Bild 7 dargestellt.

Das erläuterte Verfahren zur Lösung dieser Magischen Quadrate ist bei jeder beliebigen ungeraden Anzahl von Feldern geeignet. Zur Lösung von Quadraten mit geradzahligen Feldern kann die Methode jedoch nicht angewendet werden. Es existieren hierfür zwar auch Methoden (Lösungsalgorithmen), diese sind jedoch sehr aufwendig.

11	24	7	20	3
4	12	25	8	16
17	5	13	21	9
10	18	1	14	22
23	6	19	2	15

Bild 7

Lösung Übungsaufgabe 7
Bild 8 zeigt die Lösung der Aufgabe 7.

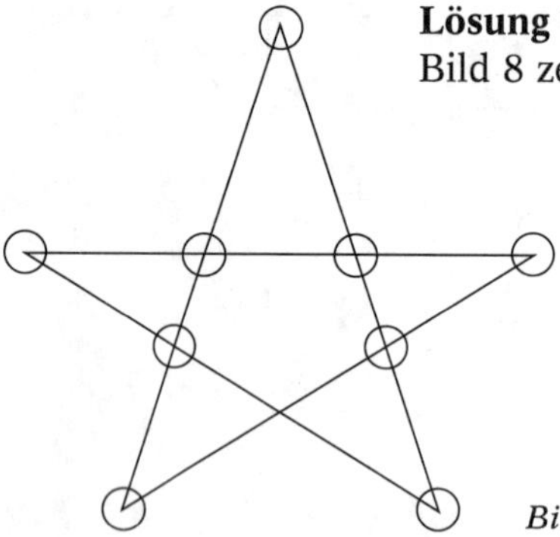

Bild 8

Lösung Übungsaufgabe 8

Der fehlende Buchstabe ist das Z. Die Gemeinsamkeit der Großbuchstaben SHONIXZ liegt darin, daß dies die einzigen Buchstaben sind, die man um 180 Grad drehen kann die und trotzdem noch genauso aussehen.

Lösung Übungsaufgabe 9

Der fehlende Buchstabe ist das H. Alle Buchstaben dieser Gruppe lassen sich vertikal drehen (aber nur kreiseln und nicht spiegeln) und sehen danach noch genauso aus.

Lösung Übungsaufgabe 10

1. Made + Ira = Madeira
2. Koch + er = Kocher
3. Gold + Regen = Goldregen
4. Bord + eaux = Bordeaux
5. Zucker + Hut = Zuckerhut
6. Kran + ich = Kranich
7. Mann + Heim = Mannheim
8. Am + Eisen = Ameisen
9. Herbst + Zeit + Lose = Herbstzeitlose
10. jung + Frau = Jungfrau
11. Zaun + König = Zaunkönig
12. Pillen + Dreher = Pillendreher
13. Wald + Meister = Waldmeister
14. Wer + Mut = Wermut
15. Strand + Läufer = Strandläufer
16. Rot + Kehlchen = Rotkehlchen
17. Schachtel + Halm = Schachtelhalm
18. offen + Bach = Offenbach
19. Frost + Spanner = Frostspanner
20. Braun + Lage = Braunlage
21. Heu + Schrecken = Heuschrecken
22. Kaiser + Stuhl = Kaiserstuhl
23. Gold + Lack = Goldlack
24. Dach + Au = Dachau
25. Kar + Paten = Karpaten

Lösung Übungsaufgabe 11
Bild 9 zeigt die Lösung für Übungsaufgabe 11.

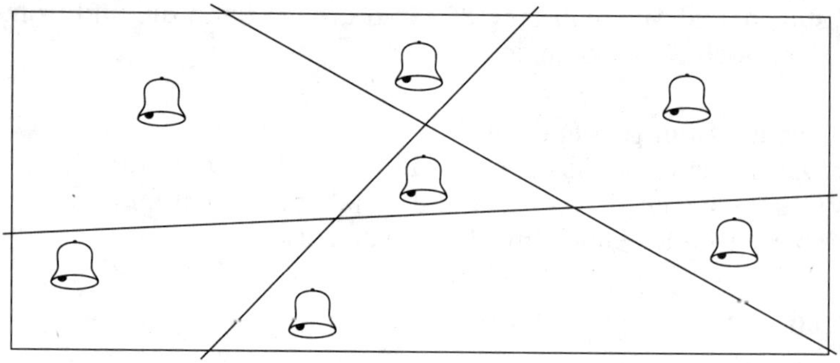

Bild 9

Lösung Übungsaufgabe 12
Die Lösung der Aufgabe 12 zeigen die Bilder 10 – 12.

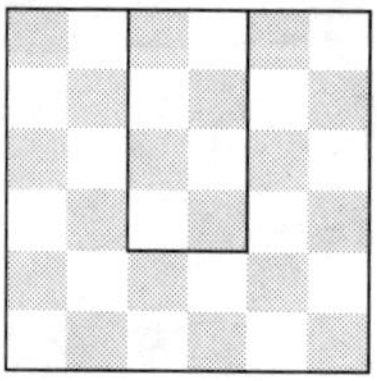

Bild 10

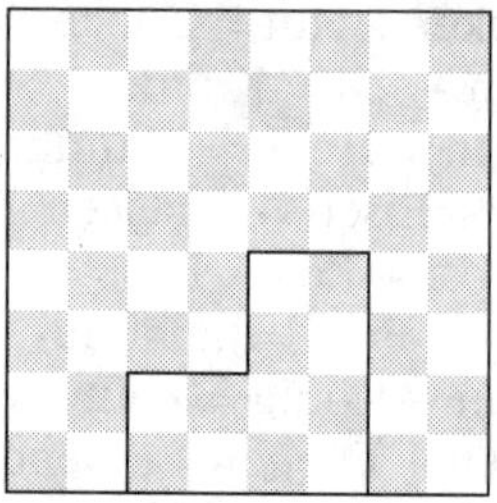

Bild 11

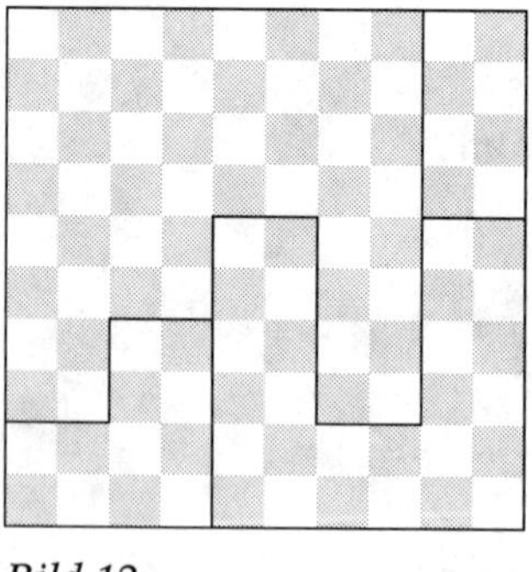

Bild 12

Lösung Übungsaufgabe 14

1. Dach – Keller; Boden – Decke = Kellerdecke
2. Alt – Neu; Wasser – Land = Neuland
3. Ein – Aus; nehmen – geben = Ausgabe
4. Tief – hoch; See – Land = Hochland
5. Finger – Fuß; Ring – Kette = Fußkette
6. Ab – an (zu); Hang – Stand = Anstand (Zustand)
7. Tief – Hoch; Druck – Zug = Hochzug
8. Ein – Aus; kommen – gehen = Ausgehen
9. Auf – ab, zu; nehmen – geben = Abgabe
10. Tief – Hoch; Land – Wasser = Hochwasser
11. Nacht – Tag; Schatten – Licht = Tageslicht
12. Hinter – Vorder; Kopf – Fuß = Vorderfuß
13. Auf – ab; geben – nehmen = Abnahme
14. Nach – Vor; Druck – Zug = Vorzug
15. jung – alt; Geselle – Meister = Altmeister
16. nach – vor; Kommen – Gehen = vorgehen
17. Hoch – Tief; See – Land = Tiefland
18. Unter – Über; Arm – Bein = Überbein

Lösung Übungsaufgabe 15

1. ein – aus; schreiben – lesen = auslesen
2. über – unter; laufen – stehen = unterstehen
3. weg – hin; hören – sehen = hinsehen
4. an – ab; nehmen – geben = abgeben
5. ab – an; blasen – saugen = ansaugen
6. nach – vor; geben – nehmen = vornehmen
7. aus – ein, ziehen – drücken = eindrücken
8. unter – über; bringen – holen = überholen
9. ein – aus; holen – bringen = ausbringen
10. vor – nach; stehen – sitzen = nachsitzen
11. hin – her; fahren – laufen = herlaufen
12. an – ab; bringen = abholen

Lösung Übungsaufgabe 17

1. SPARGEL-DER = Spargelder
2. VATI-KAN = Vatikan
3. OBERIN-SPEKTOR = Oberinspektor

4. GRAUEN-TE = Grauente
5. BARDE-POT = Bardepot
6. SPARTA-RIF = Spartarif
7. ABTEI-LUNG = Abteilung
8. AMOR-TISATION = Amortisation
9. STIEFEL-TERN = Stiefeltern
10. ANDEN-KEN = Andenken

Lösung Übungsaufgabe 18

1. ABS-TAND = Abstand
2. MUS-TANG = Mustang
3. GEGEND-RUCK = Gegendruck
4. TRAN-SPORT = Transport
5. SCHAL-TRAUM = Schaltraum
6. SKALP-ELLE = Skalpelle
7. DRESS-UR = Dressur
8. ERLE-IDEN = Erleiden
9. ALK-ALI = Alkali
10. ABT-REIBUNG = Abtreibung

Lösung Übungsaufgabe 19

Mit dem Abzählen war beim sechsten Bauarbeiter begonnen worden, der links vom Gastwirt saß. Im anderen Fall dagegen hätte mit dem fünften Bauarbeiter rechts vom Gastwirt begonnen werden müssen.

Lösung Aufgabe 20

Sic werden wahrscheinlich versucht haben, anhand der Pyramide die Kombinationsmöglichkeiten zu zählen. Es gibt jedoch die Möglichkeit, die Kombinationen zu errechnen. So gibt es von M nach I zwei mögliche Wege, von I nach S gibt es für jeden dieser beiden Wege wiederum zwei verschiedene Wege etc. Bis zur letzten Stufe sind es insgesamt $2 \times 2 \times 2 \times 2 \times 2 \times 2 \times 2 \times 2 \times 2 \times 2 = 1024$ Lösungen.

Lösung Aufgabe 21

1. NASHORN
2. KROKODIL
3. HERMELIN

4. DROMEDAR
5. FLUGENTE
6. FISCHOTTER
7. GIRAFFE
8. FLEDERMAUS
9. DELPHIN
10. KLAPPERSCHLANGE

Lösung Übungsaufgabe 23
Die Lösung der Übungsaufgabe zeigt Bild 13.

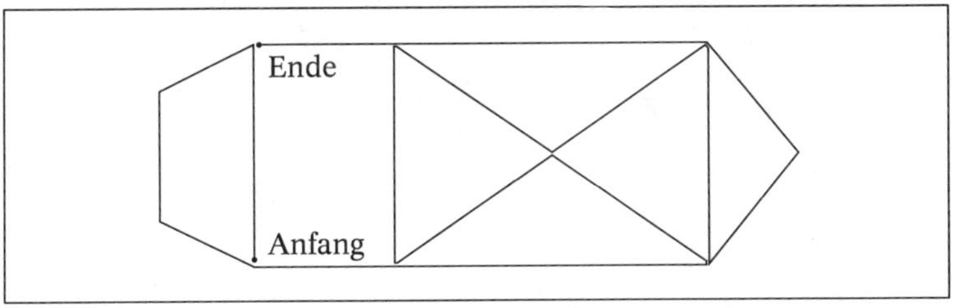

Bild 13

Lösung Übungsaufgabe 24
Zuerst ist das Papier entlang der Geraden AC und DB zu falzen, so daß man den Mittelpunkt H erhält. Sowohl die Strecken AH

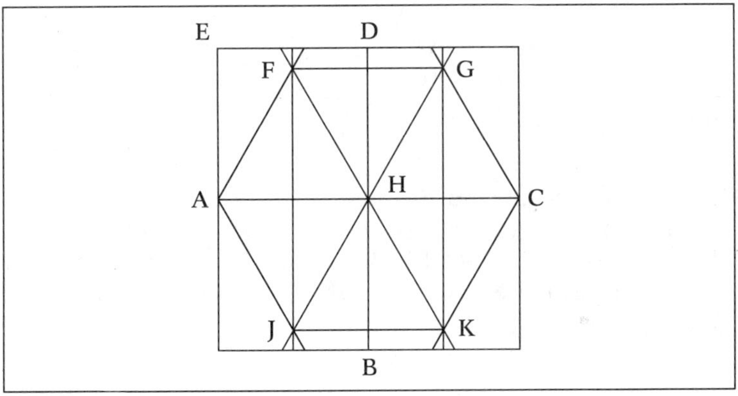

Bild 14

als auch CH werden nun gefalzt. Den Punkt F erhält man, indem man AE so hereinklappt, daß E auf der Falz liegt, die die Strecke AH halbiert. Die Punkte G, K und J sind erhältlich, wenn man jetzt entlang AF falzt (vgl. Bild 14).

Lösung Übungsaufgabe 25

Die kürzeste Falzkante ergibt sich wie folgt: Zunächst ist das Blatt der Länge nach zu halbieren (Strecke CG). Danach ist die linke Hälfte des Blattes zu halbieren, man kommt zu Punkt B. Der Halbkreis BD schneidet die Gerade CG im Punkt H. Man erhält hierdurch die kürzeste Falz BE (vgl. Bild 15).

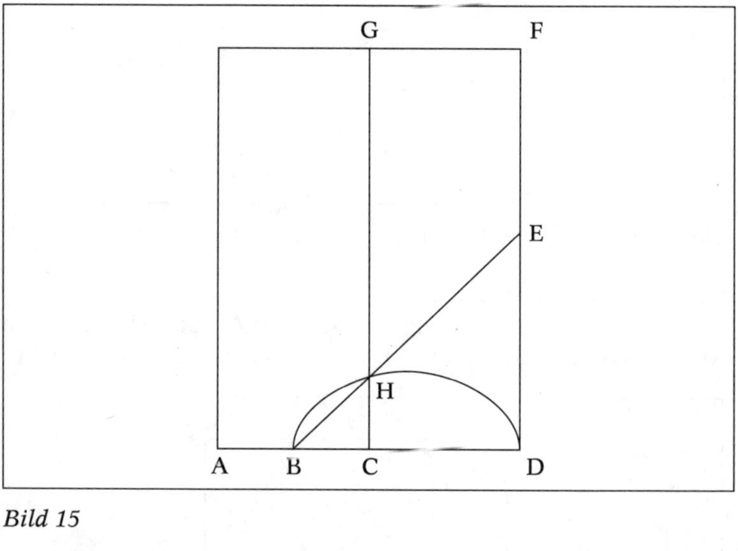

Bild 15

Lösung Übungsaufgabe 26

Die Lösung der Aufgabe ist für viele bestimmt überraschend. Wenn Sie VIER KONSONANTEN in der Buchstabenreihe streichen, entdecken Sie das Wort LOKOMOTIVFUEHRER.

Kapitel 8: Übungsteil Kreativitätstechniken

Ideenkiller

Übungsaufgabe 27

Sicher haben Sie schon einmal bei sich die Erfahrungen gemacht (oder bei Bekannten miterlebt), daß Ihre vorgetragenen Ideen überkritisch beurteilt wurden, wenn nicht sogar überschnell abgelehnt wurden.

Die nachfolgende Übung hat den Zweck, Ihnen die negativen Reaktionen aufzuzeigen, die mit den Ideenkillern verbunden sind.

Schreiben Sie innerhalb von 5 Minuten so viele Ideenkiller auf, die sie kennen, gehört haben oder selbst erfahren mußten.

Beispiele:

Damit müssen wir einen Ausschuß beauftragen...
Kunden wollen das nicht...
Das geht uns nichts an...
Dafür haben wir keine Mittel...

Brainstorming-Methode

Übungsaufgabe 28

a) Lesen Sie noch einmal ab Seite 53 die Regeln für die klassische Brainstorming-Methode.
b) Schreiben Sie nun innerhalb von 5 Minuten so viele Verwendungsmöglichkeiten für ein Kraftfahrzeug nieder, wie Ihnen innerhalb der Zeit einfallen. Bestehende Verwendungsarten können mit einbezogen werden.

Blick zur Uhr – fertig – los!

Übungsaufgabe 29

Wenn sich als Ergebnis der Übungsaufgabe 28 b (Brainstorming) mehr als 50% Ihrer Ideen auf die Verwendbarkeit des

Kraftfahrzeuges zum Autofahren bezogen, befreien Sie sich von den Fesseln konventionellen Denkens und erhöhen Sie damit Ihr kreatives Potential. Haben Sie beispielsweise an die Verwendung als Kinderspielzeug gedacht? Oder als Übernachtungsmöglichkeit? Oder als Lehr- und Bastelmaterial für Schüler und Jugendliche? Kraftfahrzeug als Statussymbol?

Greifen Sie das Problem noch einmal auf und schreiben Sie innerhalb von 5 Minuten so viele Verwendungsmöglichkeiten auf, wie möglich, die sich nicht auf das Autofahren beziehen.

Übungsaufgabe 30

Bedingt durch die zunehmende Internationalisierung kommt einer Auslandsmarktbearbeitung, insbesondere auch für mittelständische Unternehmen, eine immer größere Bedeutung zu. Zu denken ist etwa an den chinesischen Markt, der sehr große Wachstumspotentiale aufweist.

Bei einer Auslandsmarktbearbeitung, wie beispielsweise beim Export, sind jedoch eine Vielzahl landesspezifischer Besonderheiten, gesetzlicher Vorschriften und anderer Richtlinien zu beachten. Zusätzlich sind eine Fülle notwendiger Papiere zu erstellen, die oft ein großes Hindernis, besonders für mittelständische Unternehmen darstellen.

Damit die Marktbearbeitung selbst für Insider übersichtlich wird, planen Sie ein Handbuch zu konzipieren, daß ein optimales Auswählen des gerade relevanten Marktes ermöglicht und Ihnen zudem die zu beachtenden Vorschriften, Regeln und einzuhaltenden Richtlinien erläutert.

1. Organisieren Sie eine Brainstorming-Sitzung!
2. Führen Sie Brainstorming-Sitzung beispielsweise mit folgenden Fragestellungen durch:
   a) Welche Sachgebiete und konkreten Inhalte sollten in diesem Handbuch enthalten sein?
   b) Wer kommt als Zielgruppe dieses Handbuchs in Betracht?
   c) Wie läßt sich die 1. Ausgabe dieses Handbuchs am besten verkaufen?
   d) Mit welchen Strategien können Sie am geeignetsten Stammkunden gewinnen?

Übungsaufgabe 31

Betrachtet man eine ältere zusammensteckbare Schweiß- oder Schneidelektrode mit Kegelverbindung, so lag deren Nachteil darin, daß die Zapfen der bereits verbrauchten Elektroden, welche noch in den Hohlkegelmuffen der nachfolgenden Elektroden steckten, aus der Hohlkegelmuffe herausfielen, wenn die Steckverbindung in den Bereich des Lichtbogens geriet. Ursächlich dafür sollen Gase sein, die während des Abschmelzens des Elektrodenwerkstoffs im Innern entstehen und so die beiden Elektroden auseinandertreiben.

Die Idee, in der Seitenwand der Hohlkegelmuffe eine Entlüftungsöffnung einzulassen, brachte die Lösung und verhinderte ein Herausfallen der Zapfen bzw. das Lockern der Verbindung, da die entstehenden Gase entweichen konnten.

Schreiben Sie innerhalb von 10 Minuten soviele weitere Möglichkeiten auf, ein Herausfallen bzw. Lockern zu verhindern, wie Ihnen einfallen.

Übungsteil Methode 635

Übungsaufgabe 32

1) Sehen Sie sich noch einmal die Regeln der Methode 635 an. Beachten Sie insbesondere, daß bei der Ideensuche keine Kritik erlaubt ist, sondern nur die Fortführung und Ergänzung der Gedanken der „Vorgänger“. Bilden Sie zwei Gruppen zu 6 Teilnehmern. Bearbeiten Sie die zwei folgenden Themen in Ihren beiden Gruppen unter Benutzung des beigefügten Vorschlagssammelbogens:
   a) In einer neu zu gründenden Organisationsabteilung ist ein Auslösersystem zu schaffen (Auslöser sind zu verstehen als Informationen, die zu organisatorischen Tätigwerden, d. h. zu Entscheidungen und/oder Handlungen führen (*Seidenberg* 1989)). Mit dem neuen Auslösersystem soll vermieden werden, daß die Organisatoren nochmals prüfungsähnliche Handlungen vornehmen müssen und damit der Kreis der Prüfer (wie Wirtschaftsprüfer, Betriebsprüfer, interne Revision, ...) noch weiter vergrößert wird.

Vorschlagssammelbogen nach Methode 635

Problem:			Teilnehmer 1. 2. 3. 4. 5. 6.
Lösungsvorschläge			von:
11	**12**	**13**	
21	**22**	**23**	
31	**32**	**33**	
41	**42**	**43**	
51	**52**	**53**	
61	**62**	**63**	

Es soll aber andererseits die Einschaltung der Organisationsabteilung in alle sie betreffenden Fragen gesichert sein. Welche Informationsarten, die zu einem Auslösesystem zusammengefaßt werden können, sollen die Auslösefunktion übernehmen? Die Informationen sollen hierbei in einem gewissen Zusammenhang stehen.

b) Wie lassen sich die Bereiche Organisation und Revision in einer Abteilung zusammenfassen und dabei das Problem vermeiden, entweder die Innenrevision zu nahe an die Geschäftsleitung zu bringen, oder für die Organisationsabteilung auf jede Einwirkung zu verzichten, die zu prüfungsrelevanten Tatbeständen führen könnte?

2) Nehmen Sie zu den Ergebnissen, der jeweils anderen Gruppe kritisch Stellung. Überprüfen Sie dabei, ob die folgenden Kriterien eingehalten wurden:
   - qualitative und quantitative Beurteilung der Gedanken,
   - Einhalten der Regeln der Methode 635,
   - sonstige Kriterien, die in einem Katalog festzuhalten sind.

Übungsaufgabe 33
Sehen Sie sich noch einmal die Regeln der Methode 635 an. Füllen Sie nun in Ihrer Gruppe den Formularbogen für die Aufgabenstellung aus: **„Ideen für ein ökologisches Haus“**.

Übungsteil Delphi-Methode

Übungsaufgabe 34
Diese Übung ist als Gruppenarbeit gedacht. Schauen Sie sich vor Beginn noch einmal die Regeln für die Delphi-Methode genau an!

Konzipieren Sie nun in allen wesentlichen Einzelheiten eine Delphi-Befragung für folgende Fragestellung:
„Wann löst im Großstadtverkehr das Elektroauto den Verbrennungsmotor ab? (zu klären ist neben den vorbereitenden und nachbereitenden Tätigkeiten beispielsweise die präzise Fragestellung, der Kreis der Befragten, usw.).“

Problem			Teilnehmer 1. 2. 3. 4. 5. 6.
Lösungsvorschläge			von:
11	**12**	**13**	
21	**22**	**23**	
31	**32**	**33**	
41	**42**	**43**	
51	**52**	**53**	
61	**62**	**63**	

Formularbogen zu „Ideen für ein ökologisches Haus“

Übungsteil Erweiterung der Zieleinsicht

Übungsaufgabe 35

Nehmen Sie die folgenden Probleme als gegeben an. Überprüfen Sie die Zielsicht und wo es nötig ist, erweitern Sie diese. Vergegenwärtigen Sie sich vorher noch einmal die Ablaufschritte der Technik.

1) Problem: Rattenplage in Indien.
   Ziel: Wirksame Rattenfallen entwickeln!
   Ihre Ansicht:

2) Problem: Werbebudget für unsere Schokolade ist in 3 Jahren um 50% gestiegen.
   Ziel: Werbekosten senken!
   Ihre Ansicht:

3) Problem: Unser Automodell „Wolf" ist zu langsam.
   Ziel: Stärkere Motorisierung!
   Ihre Ansicht:

4) Problem: Unser Lack „Vollschutz" ist nicht wetterfest genug.
   Ziel: Wetterfeste Farbe für den Gebäudeanstrich entwickeln!
   Ihre Ansicht:

5) Problem: Karies in den Zähnen.
   Ziel: Neuen Diamant-Bohrer entwickeln!
   Ihre Ansicht:

6) Problem: Wasser im Keller durch steigenden Grundwasserspiegel.
   Ziel: Wasser auspumpen!
   Ihre Ansicht:

7) Problem: Neuentwicklung einer Uhr.
   Ziel: Neues Design eines Zifferblatts!
   Ihre Ansicht:

Übungsteil Spornfragen

Übungsaufgabe 36

Auf dieser und der nächsten Seite finden Sie eine Liste von Spornfragen, wie schon auf Seite 86 erwähnt.

Wählen Sie eine Ihnen bekannte Sache, Einrichtung oder Methode (eventuell aus Ihrem eigenen Arbeitsbereich) und entwikkeln Sie anschließend Verbesserungsideen. Wenden Sie dabei zugleich an:

1) die Liste der Spornfragen,
2) die Brainstorming-Regeln.

Es stehen Ihnen 30 Minuten Zeit zur Verfügung.

Spornfragen (nach Osborn)

1. Vergrößerung

Was könnte man hinzufügen?	Mehr Personal?
Wäre es vergrößerbar?	Takt erhöhen?
Länger oder höher?	Zugabe, Extrawert?
Dicker oder breiter?	Vervielfachen?
Stärker oder schwerer?	Verdoppeln?
Mehr Zeit darauf gebrauchen?	Übergröße, Sondergröße?

2. Verkleinerung

Was könnte man wegnehmen?	Weniger Personal?
Könnte es kleiner sein?	Takt verringern?
Kürzer oder niedriger?	Wertverminderung, billiger?
Schmäler oder dünner?	Dritteln?
Schwächer oder leichter?	In Teile zergliedern?
Weniger Zeit verwenden?	Mini, Mikro?

3. Umgruppierung

Gestalt verändern?	Arbeitsplan verändern?
Andere Teileanordnung?	Andere Arbeitszeit?
Anderes Layout?	Anderer Zufahrtsweg?
Reihenfolge verändern?	Wirkung/Ursache umkehren?

4. Kombination

Kombination der Ideen?	Kombination der Pläne?
Eine Legierung?	Methoden kombinieren?
Eine Mischung?	Vereinigung der Hilfsmittel?

Kombination der Teile?
Zwecke kombinieren?
Kombination der Kontraste?
Aus Personen ein Team?
Zusammenlegung von Werken?
Gemeinsame Aktionen?

5. Umkehrung

Rückwärts statt vorwärts?
Ende an den Anfang?
Anfang ans Ende?
Auf den Kopf stellen?
Vorzeichen ändern?
Seiten vertauschen?
Aus Plus Minus
Aus der Not eine Tugend?
Aus Nachteil Vorteil?
Den Feind zum Freund machen?
„Die linke Wange bieten"?
Innen nach außen?

6. Substitution

Andere Ziele?
Andere Form?
Andere Methoden?
Anderes Material?
Andere Personen?
Andere Funktion spielen?
Anderer Ort?
Zu anderer Zeit?

7. Zweckentfremdung

Ist die Absicht realistisch?
Absicht erweitern?
Absicht einengen?
Noch zeitgemäß?
Wozu sonst verwenden?
„Umfunktionieren"?

8. Nachahmung

Was ist so ähnlich?
Gibt es Parallelen?
Gibt es Musterfälle?
Was läßt sich nachbilden?
Wer ist Leitbild?
Woraus Lehre ziehen?

Übungsaufgabe 37

Nehmen Sie als Beispiel das Problem, auf welche Arten eine Fähre als Verkehrsmittel verbessert werden kann. Entwickeln Sie Verbesserungsideen und wenden Sie auch bei dieser Aufgabe zugleich an:

1. die Liste der Spornfragen, wenn es Ihnen möglich erscheint,
2. die Brainstorming-Regeln.

Erarbeiten Sie, wenn es angebracht ist eigene, ergänzende Spornfragen.

Auch diesmal stehen Ihnen wieder 30 Minuten Zeit zur Verfügung.

Übungsteil Denkblokaden beseitigen

Übungsaufgabe 38

Eine rechteckige Wiese (vgl. Bild 16) ist von einem überall gleich breiten Wassergraben umgeben. Versuchen Sie mit Hilfe zweier Bretter, deren Länge genau der Grabenbreite entspricht, einen Übergang zu schaffen!

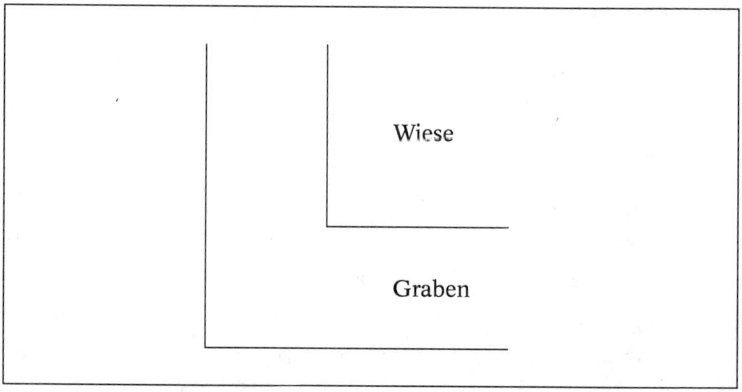

Bild 16

Übungsaufgabe 39

Im Nord-Ostseekanal fahren hintereinander die drei Containerschiffe A, B und C. Von der anderen Seite kommen ihnen drei andere ebenfalls hintereinanderfahrende Containerschiffe D, E und F entgegen. Bild 17 zeigt die Lage der Schiffe und den Ab-

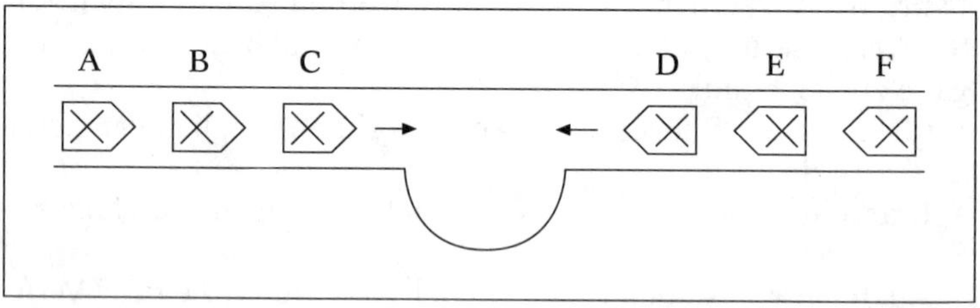

Bild 17

schnitt des Kanals mit seiner Bucht. Der geringen Breite des Kanals wegen, können die Containerschiffe nicht aneinander vorbeifahren. Es befindet sich aber im gezeigten Abschnitt des Nord-Ostseekanals an einer Seite eine kleine Bucht, in der jedoch nur ein Containerschiff Platz hat. Wie können die Containerschiffe voreinander so ausweichen, daß am Ende alle Schiffe in der ursprünglichen Richtung weiterfahren?

Übungsaufgabe 40

Auf dieser und der nächsten Seite sehen Sie in den Bildern 18–22 insgesamt sechs Bereiche mit je neun angeordneten Punkten.

a) Verbinden Sie die neun angeordneten Punkte des Bilds 18 mit fünf Geraden, ohne dabei das Schreibgerät vom Papier zu heben und ohne eine der Geraden doppelt zu zeichnen. Die Geraden dürfen sich kreuzen.
b) Verfahren Sie genauso mit den Bereichen der Bilder 19 – 22. Versuchen Sie jedoch bei jedem Bereich entweder Ihren Ausgangsort oder die Richtung der Geraden (oder beides) zu ändern.

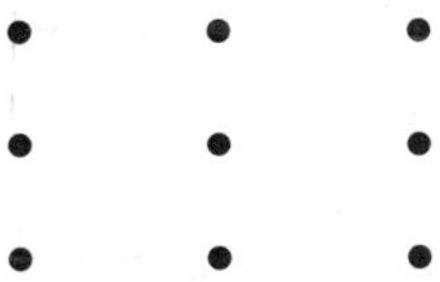

Bild 18

Bild 19

Bild 20

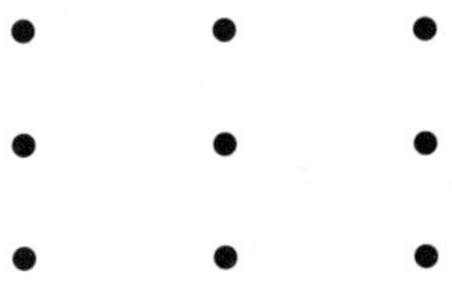

Bild 21

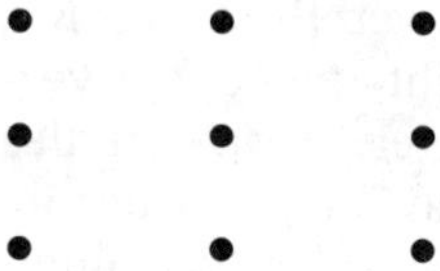

Bild 22

Übungsaufgabe 41
Verbinden Sie nun die neun angeordneten Punkte des Bereichs in Bild 23 mit *vier* Geraden. Auch hier darf das Schreibgerät nicht vom Papier abgehoben und keine der Geraden doppelt gezeichnet werden. Den Ausgangspunkt und die Richtung können Sie nach Belieben auswählen.

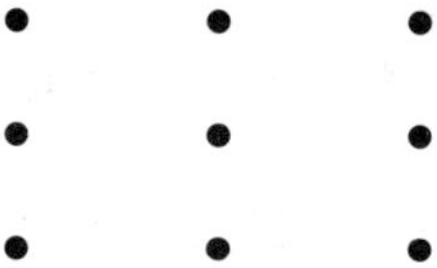

Bild 23

Übungsaufgabe 42
Verbinden Sie nun die sechzehn angeordneten Punkte (Bild 24) mit sechs Geraden, ohne dabei das Schreibgerät vom Papier zu heben und ohne eine Gerade doppelt zu zeichnen. Die Geraden dürfen sich kreuzen.

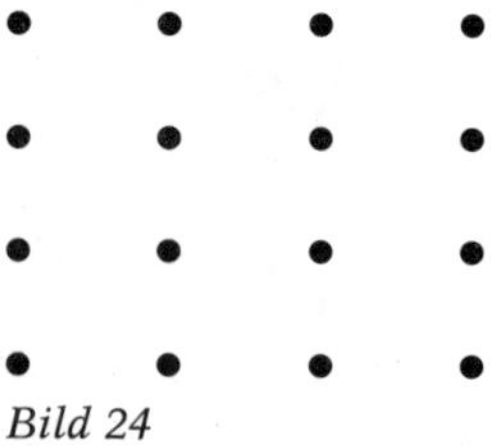

Bild 24

Übungsaufgabe 43
Verbinden Sie jetzt die zwölf angeordneten Punkte (Bild 25) mit fünf Geraden, wiederum ohne dabei das Schreibgerät vom Papier zu heben und ohne eine Gerade doppelt zu zeichnen. Die Geraden dürfen sich kreuzen.

Bild 25

Übungsaufgabe 44
Ein Spielbrett verfügt über neun Felder (Bild 26). Auf den ersten vier Feldern A – D befindet sich jeweils ein weißer Stein, das mittlere Feld bleibt leer und auf den letzten vier Feldern F – I stehen vier schwarze Steine.

Den Aufgabe besteht nun darin, die schwarzen Steine der rechten Seite nach links zu bewegen und die weißen Steine von links nach rechts. Jeder Stein darf nur ein Feld vorwärts bewegt werden, dabei darf aber (nur) ein Stein einer anderen Farbe übersprungen werden. Rückswärtsbewegungen sind verboten. Man darf auch nicht einen oder mehrere Steine der eigenen Farbe überspringen.

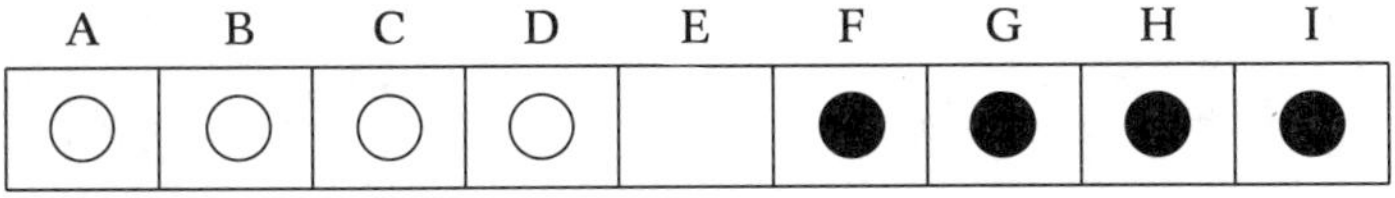

Bild 26

Übungsaufgabe 45
Betrachten Sie die neun gleichlangen parallelen Linien des untenstehenden Bildes 27. Zerschneiden Sie das Rechteck nun in der Diagonalen AB, welche durch das obere Ende des ersten Stri-

ches und durch das untere Ende des letzten Striches verläuft. Verschieben Sie jetzt die beiden dreieckigen Hälften des Papiers um den Abstand zwischen zwei Linien weiter (Bild 28). Wie man seltsamer Weise erkennt, sieht man anstelle von neun nur noch acht Striche. Ein Strich ist verschwunden. Können Sie erläutern, wo der neunte Strich geblieben ist?

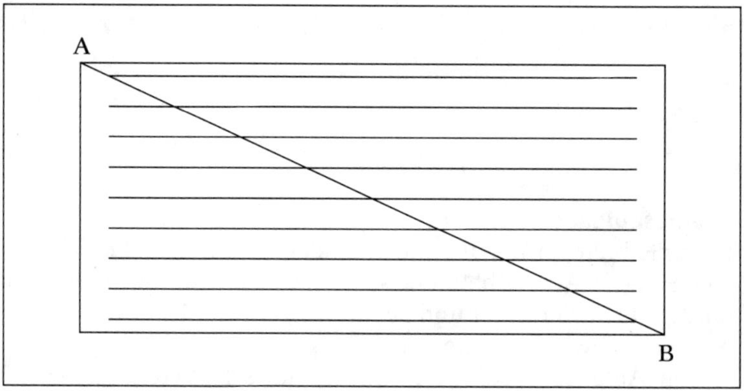

Bild 27

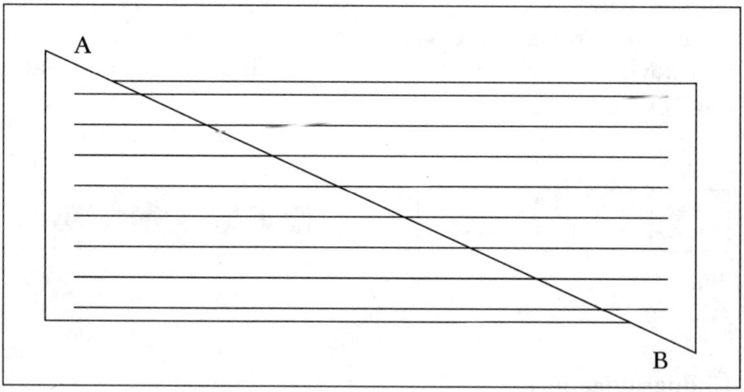

Bild 28

Übungsteil Fixierung der Erstansicht eines Problems

Übungsaufgabe 46

Bild 29 zeigt eine Waage, die aus neun Streichhölzern besteht, jedoch nicht im Gleichgewicht ist. Bringen Sie die Waage ins Gleichgewicht, indem Sie fünf Streichhölzer umlegen.

Übungsaufgabe 47

Legen Sie vier Streichhölzer der Axt aus Bild 30 so um, daß drei gleiche Dreiecke entstehen.

Übungsaufgabe 48

Aus Bild 31 ist der Umriß eines Hauses erkennbar. Legen Sie zwei Streichhölzer so um, daß das Haus von der anderen Seite betrachtet werden kann.

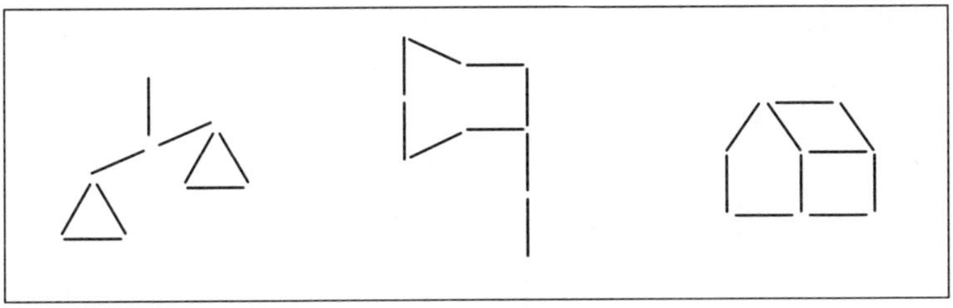

Bild 29 *Bild 30* *Bild 31*

Übungsaufgabe 49

Wenn Sie sechs Streichhölzer der Laterne von Bild 32 umlegen, können sie diese in vier gleiche Dreiecke verwandeln.

Übungsaufgabe 50

Ein aus Streichhölzern gebauter Krebs kriecht aufwärts (Bild 33). Legen Sie nun drei Streichhölzer so um, daß er abwärts kriecht.

Übungsaufgabe 51

Einen altertümlichen Tempel bestehend aus elf Streichhölzern zeigt das folgende Bild 34. Diesmal besteht die Aufgabe darin, 4 Streichhölzer so umzulegen, daß fünfzehn Quadrate entstehen.

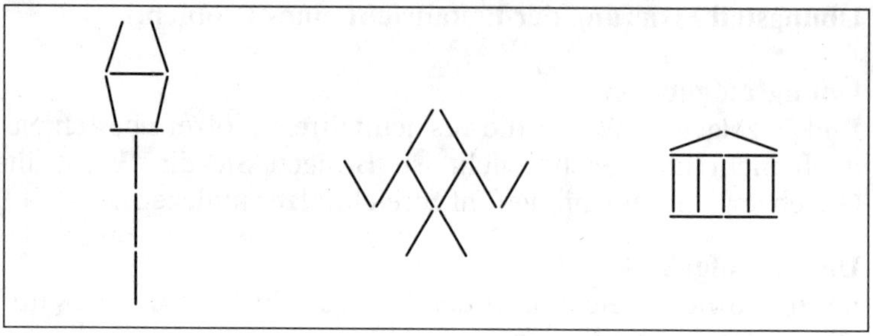

Bild 32 *Bild 33* *Bild 34*

Übungsaufgabe 52

Zuerst sind mit 24 Streichhölzern 9 aneinander liegende Quadrate zu bauen, die wiederum ein Quadrat darstellen (Bild 35).

Entfernen Sie nun 8 Streichhölzer, so daß 2 Quadrate übrigbleiben!

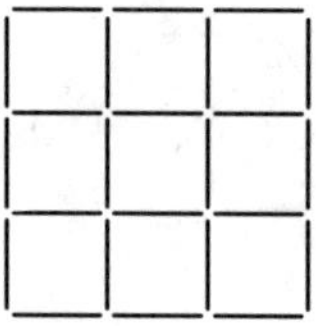

Bild 35

Übungsaufgabe 53

Ein oft wiederholtes Experiment geht wie folgt. Man lege sechs Streichhölzer verstreut auf den Tisch. Die Aufgabe besteht nun darin, aus den sechs Streichhölzern vier gleichseitige Dreiecke zu bilden, ohne daß die Streichhölzer sich kreuzen und ohne sie zu zerbrechen.

Übungsaufgabe 54

Aus einem quadratischen Papier sind 20 gleiche Dreiecke auszuschneiden. Anschließend sind aus den 20 ausgeschnittenen Dreiecken fünf gleiche Quadrate zusammenzufügen.

Übungsteil Synektik-Methode

Übungsaufgabe 55

Im Rahmen der Synektik-Methoden haben Sie die Stimulation über Reizwörter kennengelernt. Wählen Sie aus einem Wörterbuch *zufällig* mehrere Gegenstände oder Personen aus (die Gegenstände müssen genommen werden!!) und versuchen Sie damit die folgenden allgemeingehaltenen Probleme zu lösen.

1. Gesucht wird die ökologisch und ökonomisch günstigste Alternative zur Fortbewegung in der Zukunft.
2. Wie kann man einen Fernseher verbessern?
3. Wie läßt sich ein Haus wirtschaftlicher bauen?

Übungsteil Bionik

Übungsaufgabe 56

Die Verschaltung der Neuronen in den ersten Zellschichten der Netzhaut des menschlichen Auges dient im wesentlichen zwei Aspekten. Zum einen werden die von den Rezeptoren (Stäbchen und Zapfen) weitergeleiteten Signale auf eine geringere Anzahl von Nervenfasern übertragen (Konvergenzprinzip). So stehen beispielsweise im menschlichen Auge den cirka 130 Millionen Rezeptoren lediglich rund 1 Million Nervenfasern im Sehnerv gegenüber. Zum anderen wird durch die spezielle Verschaltung der Neuronen (inhibitorische Verschaltung) eine Steigerung der Kontrastwahrnehmung erzielt.

Versuchen Sie die dieses Naturprinzip auf technische Probleme zu übertragen. Beispielsweise könnte diese spezielle Verschaltung durch elektrische Bauelemente, die künstliche Neuronen darstellen, nachgebildet werden. Dadurch ist es möglich, die Bildschärfe von Gegenständen zu bestimmen.

Übungsaufgabe 57

Wie man weiß, können Fische im Wasser anders als z. B. der Mensch sehr gut gleiten und sich schnell fortbewegen. Für beide gelten jedoch die gleichen physikalischen Gesetze. Die Gleitfähigkeit dieser starren Körper ist vom Reibungswiderstand abhängig.

Die Fische haben dieses Problem dadurch gelöst, daß sich auf ihrer Haut, genauer auf ihrer Oberhaut, eine Schleimschicht befindet, wodurch ein besseres Gleiten im Wasser ermöglicht wird.

Versuchen Sie auch bei diesem Beispiel aus der Natur das Prinzip auf technische Probleme zu übertragen. Für welche Anwendungsgebiete wäre das Naturprinzip nützlich, welche Probleme könnten damit gelöst werden?

Übungsteil Morphologischer Kasten

Übungsaufgabe 58
Inwiefern ist der Morphologische Kasten zur Ideenfindung geeignet?

Übungsaufgabe 59
Erstellen Sie einen Morpholgischen Kasten für das Problem: **Gestaltung einer Konferenz zur Bedeutung der Qualität als Wettbewerbsfaktor.** Vergegenwärtigen Sie sich vorher noch einmal die Regeln und den Ablauf der Technik!

Übungsaufgabe 60
Die Abb. 31 zeigt einen Morphologischen Kasten für das Beispiel **„Organisation des Beschaffungsbereichs“**. Sehen Sie sich die Regeln und den Ablauf der Technik nochmals an!

Beurteilen Sie nun die folgenden Lösungsalternativen auf ihre Realisierbarkeit:

1) 13, 22, 32, 43, 52, 62
2) 12, 23, 33, 41, 51, 61
3) 11, 22, 31, 43, 52, 63

Übungsaufgabe 61
Sie überlegen sich, eventuell Ihren Arbeitsplatz zu wechseln. Verwenden Sie die Morphologische Methode, um sich über Ihr weiteres Vorgehen Klarheit zu verschaffen. Schauen Sie sich vorher noch einmal die Vorgehensweise an, und verwenden Sie zur Lösungssuche einen Morphologischen Kasten.

Ausprägung			
Merkmale/ Parameter	01	02	03
1 Umfang der Aufgabe	11 Nur Materialbestellung	12 Bestellung mit teilweiser Lieferantenauswahl	13 Bestellung grundsätzlich mit Lieferantenauswahl
2 Verbindung mit Mengendisposition	21 Keine Mengendisposition	22 Teilweise Mengendisposition	23 Grundsätzlich volle Mengendisposition
3 Qualitätsdisposition	31 Keine Disposition über Qualitäten	32 Teilweise Qualitätsdisposition	33 Grundsätzlich volle Qualitätsdisposition
4 Hierarchieebene	41 Untere Ebene	42 Mittlere Ebene	43 Obere Ebene
5 Zentralisationsgrad	51 Dezentralisiert bei den Bedarfsstellen	52 Zentralisierte Beschaffung	53 Kombination von denzentral und zentral
6 Anforderungsbefugnisse	61 Kein Einfluß auf andere Bereiche	62 Beratung, Empfehlung	63 Festgelegte Anforderungsvollmachten

Abb. 31: Morphologischer Kasten für den Beschaffungsbereich

Übungsteil Attribute Listing

Übungsaufgabe 62

Abb. 32 zeigt die Auflistung der Merkmale und derzeitigen Lösungen eines Stuhls. Arbeiten Sie anhand der gegebenen Zielvorgaben mögliche Gestaltungen für einen neuen Stuhl aus.

Merkmal	**Derzeitige Lösung**	**Zielvorgabe**	**Mögliche andere Gestaltung**
Material	Holz	pflegeleichter	
Beine	eckig	moderner	
Farbe	braun	modischer	
Sitzfläche	plan	ergonomischer	

Abb. 32: Attribute-Liste mit Zielvorgabe für einen neuen Stuhl

Übungsteil Relevanzbaum

Übungsaufgabe 63

Welches ist die grundsätzliche Fragestellung der Relevanzbaumanalyse und wie kann ein Relevanzbaum allgemein darstellt werden?

Übungsteil Cross-Impact-Methode

Übungsaufgabe 64

Bei der Darstellung der Cross-Impact-Methode wurde als Beispiel das Ereignis betrachtet, daß bis zum Jahr 2010 die Wasserstofftechnik mit einer Wahrscheinlichkeit von 80% wirtschaftlich einsetzbar ist. Die Eintrittswahrscheinlichkeit kann sich aber durch die Ereignisse Gaspreiserhöhung, wirtschaftliche Nutzbarmachung der Photovoltaik und erzwungener Ausstieg aus der Kernenergie verändern. Gehen Sie von den Verhältnissen des Beispiels aus und berechnen Sie mit Hilfe der simulativen Cross-Impact-Methode die Veränderungen der Eintrittswahrscheinlichkeiten der einzelnen Ereignisse unter dem Einfluß der anderen Ereignisse. Führen Sie dazu mit den folgenden Zufallszahlen 10 Simulationsläufe durch.
Bevor Sie aber die Eintrittswahrscheinlichkeiten berechnen, vergegenwärtigen Sie sich noch einmal die einzelnen Ablaufschritte (vgl. S. 135 ff.).

Zufallszahlen zur Festlegung einer zufälligen Reihenfolge der Ereignisse:

Die höchste Zufallszahl entspricht dem Ereignis e_4, die niedrigste Zufallszahl dem Ereignis e_1. Für die ersten vier Zufallszahlen ist die Reihenfolge dementsprechend: e_3, e_1, e_4, e_2.

54	13	72	16
33	17	01	87
78	98	61	91
54	17	94	23
87	82	28	26
22	50	16	04
51	50	49	10
10	63	62	05
55	16	24	13
18	58	03	32

Zufallszahlen zur Eintrittsbestimmung der Ereignisse

42	03	15	70
53	32	41	66
98	31	18	09
39	75	71	86
80	40	18	51
11	03	84	74
40	84	42	80
91	84	35	73
65	53	67	70
92	17	42	60

Lösungen der Übungsaufgaben

Lösung Übungsaufgabe 31

Weitere Möglichkeiten, die ein Herausfallen des Zapfens bzw. eine Lockerung der Steckverbindung verhindern könnten sind beispielsweise:

1. Hohlkegelmuffe mit Kleber ausfüllen.
2. Gewinde anbringen.
3. Mit Kaltpreßschweißung verbinden.
4. Fertigungstechnisch so genau herstellen, daß keine Gase mehr entstehen können.
5. Zapfen magnetisieren.
6. Zapfen mit einer Längsrille fertigen, um Gas abzuleiten.
7. Zapfen mit Kleber bestreichen, so daß die Verbindung fester ist.

Lösung Übungsaufgabe 38

Die Lösung der Übungsaufgabe 38 zeigt das folgende Bild 36.

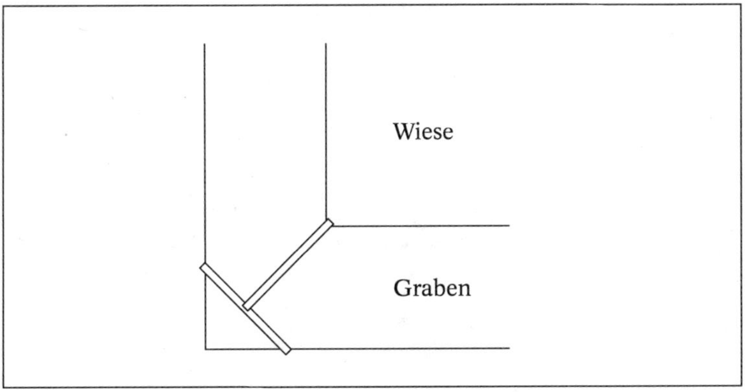

Bild 36

Lösung Übungsaufgabe 39

Die Containerschiffe B und C fahren rückwärts, d. h. im Bild nach rechts. Dann fährt Containerschiff A in die Bucht ein. Anschließend fahren die Containerschiffe D, E und F im Kanal an A vorüber. Nun kann Containerschiff A die Bucht verlassen und seine Fahrt – nach links – fortsetzen. Die Containerschiffe F, E und D fahren nun wieder zu dem Ort zurück, woher sie gekommen sind, d. h. im Bild nach links. Mit Containerschiff B wiederholt sich das Manöver. Ebenso wird auch Schiff C durchgelassen und alle Schiffe können ihre Fahrt im Kanal fortsetzen.

Lösung Übungsaufgabe 40 und 41

Die Lösung der Aufgaben zeigen die Bilder 37 – 42.

Die Aufgaben Bild 18 bis 21 werden keine Schwierigkeiten verursacht haben. Die Aufgabe aus Bild 22 soll nocheinmal die Denkblokade erlernter Lösungen zeigen. Diese Aufgabe läßt sich nämlich nur lösen, wenn man auf die Idee kommt, über die Begrenzung des Quadrats hinauszugehen.

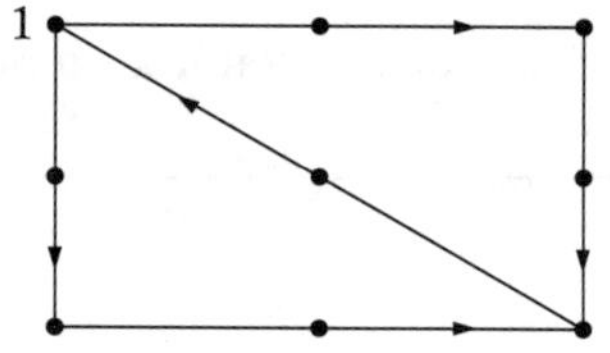

Bild 37

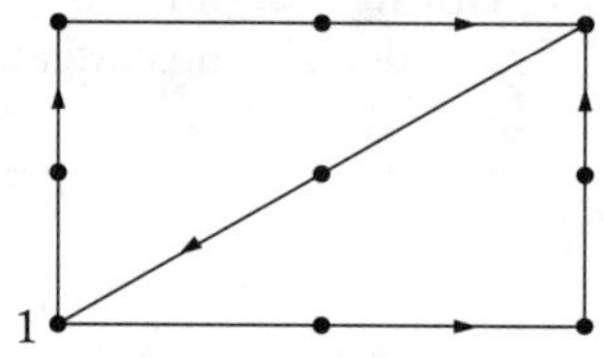

Bild 38

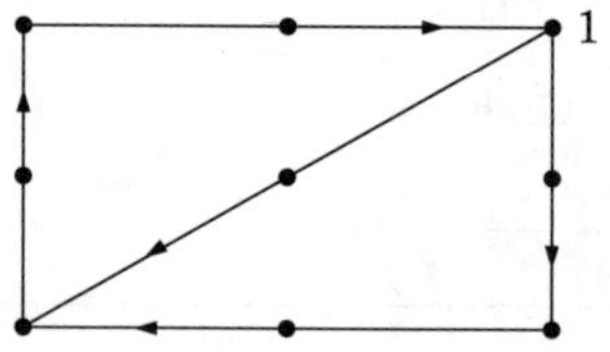

Bild 39

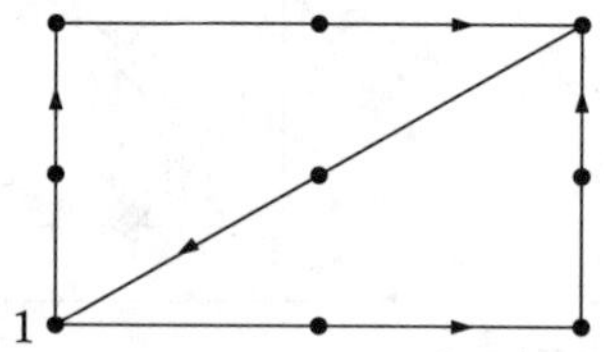

Bild 40

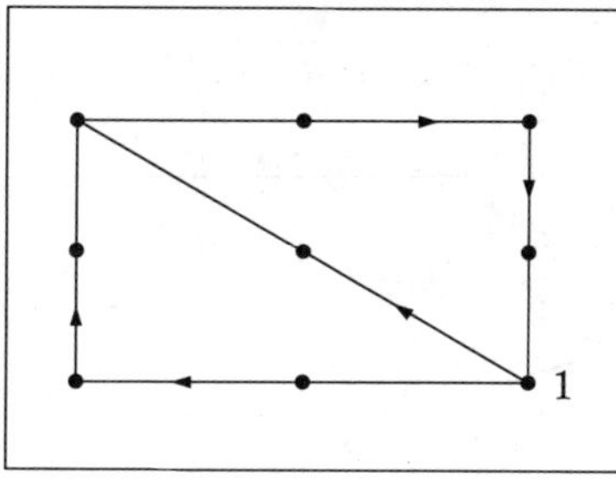

Bild 41

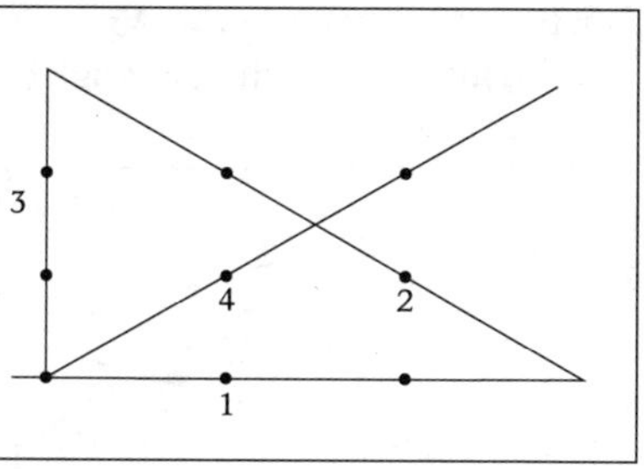

Bild 42

Lösung Übungsaufgabe 42
Die Lösung der Aufgabe zeigt Bild 43.

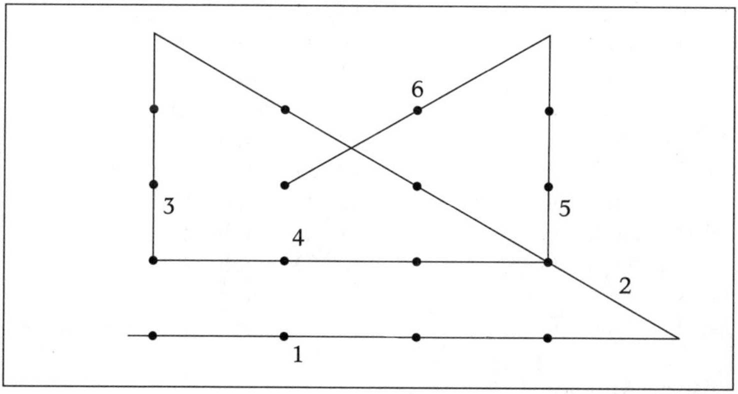

Bild 43

Lösung Übungsaufgabe 43

Die Lösung der Aufgabe zeigt Bild 44.

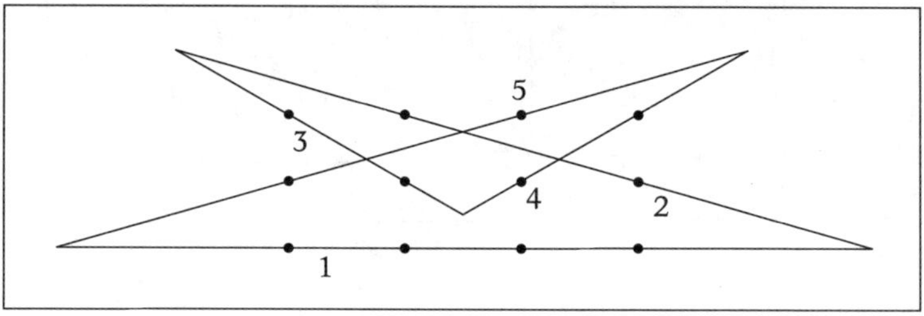

Bild 44

Lösung Übungsaufgabe 44

Die Steine müssen wie folgt bewegt werden:

1.	D	nach	E	13.	C	nach	E
2.	F	nach	D	14.	A	nach	C
3.	G	nach	F	15.	B	nach	A
4.	E	nach	G	16.	D	nach	B
5.	C	nach	E	17.	F	nach	D
6.	B	nach	C	18.	H	nach	F
7.	D	nach	B	19.	G	nach	H
8.	F	nach	D	20.	E	nach	G
9.	H	nach	F	21.	C	nach	E
10.	I	nach	H	22.	D	nach	C
11.	G	nach	I	23.	F	nach	D
12.	E	nach	G	24.	E	nach	F

Lösung Aufgabe 45

Bei der Verschiebung verschwindet nicht eine Linie ganz, sondern wenn man die Striche in beiden Bildern vergleicht, erkennt man, daß die Striche der Lösung um 1/8 länger sind als die Striches des Bildes in der Aufgabe. Allerdings hat sich der 9. Strich nicht aufgelöst, sondern ist in den 8 anderen Strichen wiederzufinden. Er vergrößert jeden um 1/8 seiner eigenen Länge.

Exkurs: Die geometrische Begründung lautet: Die Gerade AB und die Gerade, die durch die oberen Enden aller Striche verläuft, bilden einen Winkel, dessen Schenkel durch eine Folge paralleler Geraden geschnitten werden. Bedingt durch die Ähnlichkeit der entstehenden Dreiecke ergibt sich, daß die Gerade AB am zweiten Strich 1/8 seiner Länge, am dritten Strich 2/8, usw. abschneidet. Verschiebt man nun die beiden Teile des Papiers, so fügt man das an jedem Strich abgeschnittene Stück beim zweiten Strich beginnend, dem unteren Teil des jeweils vorhergehenden Striches zu. Da aber jedes abgeschnittene Stück um 1/8 größer ist als das vorhergehende, muß jeder Strich um 1/8 seiner Länge zunehmen. Mit dem Augenmaß ist dieser Längenzuwachs nicht erkennbar, so daß das Verschwinden des 9. Striches rätselhaft erscheint.

Lösungen Übungsaufgaben 46 – 51

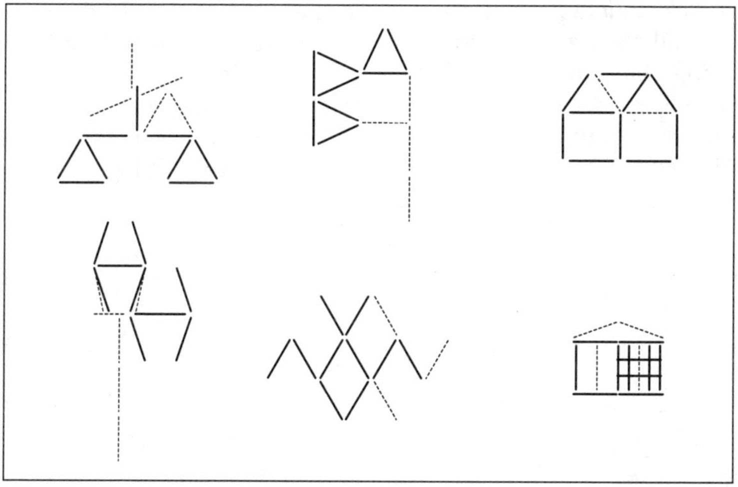

Lösungen Übungsaufgaben 46-51

Lösung Übungsaufgabe 52
Die Lösung der Aufgabe zeigt Bild 45.

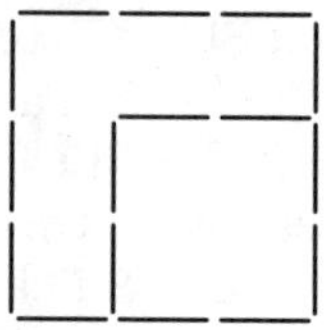

Bild 45

Lösung Übungsaufgabe 53
Während die ersten Probleme relativ leicht zu lösen sind, bedarf es bei dem Problem der sechs Streichhölzer, aus denen vier gleichseitige Dreiecke zu bilden sind, schon der Überwindung herkömmlichen Denkens. Sobald man sich aber von der herkömmlichen zweidimensionalen Denkweise freimacht und die dritte Dimension (Höhe) mitbenutzt, läßt sich das Problem einfach lösen. Man erbaut eine dreiseitige Pyramide, d. h. ein Dreieck als Grundfläche auf dem Tisch liegend und die anderen drei Hölzer als Dach darüberstehend, so daß sich die Spitzen berühren (vgl. Bild 46).

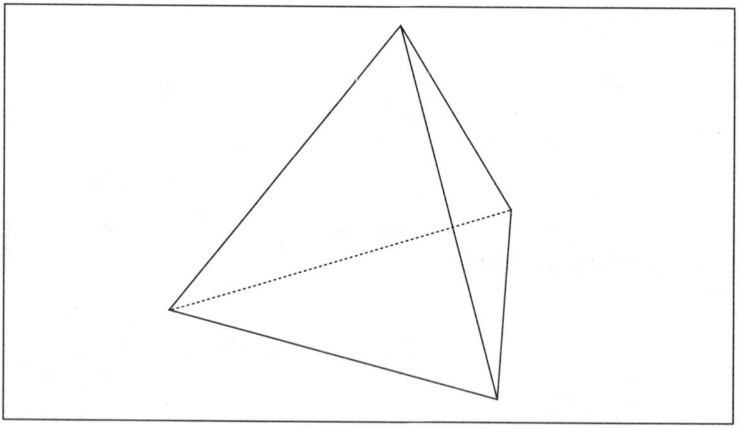

Bild 46

Lösung Übungsaufgabe 54

Die Bilder 47 und 48 zeigen die Lösung der Übungsaufgabe. Zuerst ist jeder Eckpunkt des Quadrats durch eine Gerade mit dem Mittelpunkt einer nicht anliegenden Seite zu verbinden. Das im Innern entstandene kleine Quadrat wird halbiert, wobei die Linie parallel zu zwei schon bestehenden gezeichnet wird. Da-

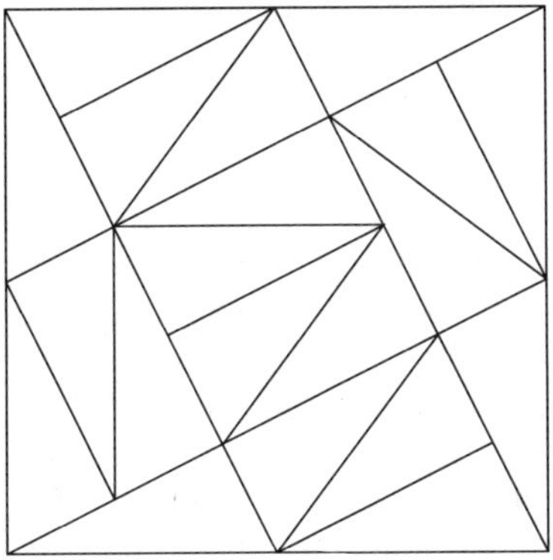

Bild 47

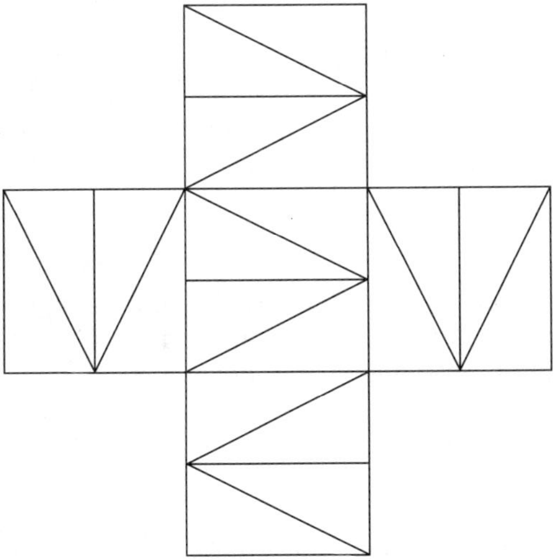

Bild 48

nach sind von den Seitenmitten des großen Quadrats Parallelen zu den bereits eingezeichneten Verbindungslinien (des inneren kleinen Quadrats) bis zum Schnittpunkt mit den anderen Verbindungslinien zu ziehen. In die daraus entstandenen Rechtecke sind nun Diagonalen einzuzeichnen, so daß insgesamt 20 gleiche rechtwinklige Dreiecke vorhanden sind. Aus den 20 Dreiecken lassen sich leicht 5 gleiche Quadrate zusammensetzen (Bild 48).

Lösung Übungsaufgabe 56

Es käme beispielsweise folgende technische Anwendung in Betracht. Mit einem einfach zu realisierenden inhibitorischen Filter hat man die Möglichkeit, die Bildschärfe eines elektrischen Signals messen zu können. Technisch kann dieser Filter zum Beispiel für den Kontrastrückgewinn bei unscharf entwickelten Dias oder als Autozoom bei Fotoapparaten eingesetzt werden.

Bei Kombination dieses Filters mit einem auf neuronalen Netzen basierenden optischen Erkennungssystem, käme der Einsatz in beweglichen Robotern in Betracht, mit deren Hilfe sich die Roboter in der Umgebung orientieren könnten.

Aber auch in anderen Bereichen der optischen Erkennung, wie z. B. in der automatisierten Fertigung, sind Einsatzgebiete zu sehen. Hier könnte der Computer allein aufgrund von Farbkonstellationen und Designkennzeichen gebrauchte Joghurtbecher, verschmutzte Plastikflaschen und zerknüllte Kartons, die auf einem Fließband an den Kameras vorbeikommen, automatisch sortieren.

Lösung Übungsaufgabe 58

Durch Aufzeigen bisher nicht bekannter Gestaltungsformen, besonders durch neue Kombinationsmöglichkeiten bereits bekannter Lösungselemente, sind neue Ideen erzeugbar.

Lösung Übungsaufgabe 60
Eine mögliche Lösung der Aufgabe könnte wie folgt aussehen:

	Ausprägungen			
Merkmale	1	2	3	4
Zielgruppe	Top Management	Middle Management	Wissenschaftler/ Hochschulangehörige	Wissenschaft und Praxis
Ziel	Weiterbildung	Erfahrungsaustausch	Problemlösungen	Motivation
Referenten	Externe Experten	Interne Experten	Interne und Externe	
Vortragsstil	Einzelvorträge	Work-shop	Plenumsdiskussion	
Zeit	wochentags	samstags	sonntags	
Ort	Hotel	Hochschulräume	Unternehmenseigene Räume	

Lösung Übungsaufgabe 61
Eine mögliche Lösung der Übungsaufgabe könnte wie folgt aussehen:

Merkmal	Ausprägung			
Aufgabengebiet	Personal	Produktion	F&E	Vertrieb
Firmengröße	klein	mittel	groß	Konzern
Status	Arbeiter	Angestellter	Beamter	freier Mitarbeiter
Gehaltshöhe	< 60 TDM	< 75 TDM	< 90 TDM	> 105 TDM
Arbeitszeit	fest	gleitend	frei	
Aufstiegsmöglichkeiten	nach Alter	nach Betriebszugehörigkeit	nach Leistung	
Region	Berlin	neue Bundesländer	alte Bundesländer	Ausland

Lösung Übungsaufgabe 62
Mögliche andere Gestaltungen sind Abb. 33 entnehmbar.

Merkmal	**Derzeitige Lösung**	**Zielvorgabe**	**Mögliche andere Gestaltung**
Material	Holz	pflegeleichter	Holzimitation wie Kunststoff, Metall
Beine	eckig	moderner	rund, Sockel, ...
Farbe	braun	modischer	schwarz., Pop-Farben
Sitzfläche	plan	ergonomischer	gekrümmt, weicher, mit Federung

Abb. 33: Mögliche Attribute-Liste mit Zielvorgabe für einen neuen Stuhl

Lösung Übungsaufgabe 63
Die grundsätzliche Fragestellung lautet: Welche Ergebnisse, Ziele, Entwicklungen oder sonstigen Einflußfaktoren sind für die Problemlösung relevant?

Die ermittelten Einflußfaktoren werden baumartig gegliedert, wobei die einem Merkmal nachgeordneten Merkmale disjunktiv (sich ausschließend; Oder-Verknüpfung) oder konjunktiv (Und-Verkünpfung) verbunden sein können.

Lösung Übungsaufgabe 64
Die Ergebnisse der Berechnungsschritte sind zusammenfassend in der nachstehenden Abb. 34 ersichtlich.

Cross-Impact Simulation	e	p%	Cross-Impact-Faktor	p neu	ZZ	Ereigniseintritt +	–
1. Lauf	3	30			42		☹
	1	80			03	☺	
	4	20	0	20	15	☺	
	2	60	– 0,5	48	70		☹

Cross-Impact Simulation	e	p%	Cross-Impact-Faktor	p neu	ZZ	Ereigniseintritt +	Ereigniseintritt −
2. Lauf	3	30			53		☹
	2	60			32	☺	
	1	80	– 0,5	72	41	☺	
	4	20	0	20	66		☹
3. Lauf	2	60			98		☹
	4	20			31		☹
	1	80			18	☺	
	3	30	1	09	09		☹
4. Lauf	3	30			39		☹
	1	80			75		
	4	20	0	20	71	☺	☹
	2	60	– 0,5	48	86		☹
5. Lauf	4	20			80		☹
	3	30			40		☹
	2	60			18	☺	
	1	80	– 0,5	72	51	☺	
6. Lauf	3	30			11	☺	
	4	20	– 0,5	12	03	☺	
	2	60	+ 0,5	72	84		☹
	1	80	+ 0,5	96	74	☺	
7. Lauf	4	20			40		☹
	3	30			84		☹
	2	60			42	☺	
	1	80	– 0,5	72	80		☹
8. Lauf	2	60			91		☹
	4	20			84		☹
	3	30			35		☹
	1	80			73	☺	
9. Lauf	4	20			65		☹
	2	60			53	☺	
	3	30	– 0,5	20	67		☹
	1	80	– 0,5	72	70	☺	
10. Lauf	2	60			92		☹
	4	20			17	☺	
	1	80	+ 1,0	96	42	☺	
	3	30	+ 0,5	40	60		☹
Ereigniszähler	$e_1 = 9$ 80%	$e_2 = 4$ 40%	$e_3 = 1$ 10%	$e_4 = 3$ 40%			

Abb. 34: Ergebnis der simulativen Cross-Impact-Methode

Kapitel 9: Kreativitätstechniken und Computerunterstützung

Computereinsatz

Seit den fünfziger Jahren beschäftigen sich amerikanische Wissenschaftler mit der Frage, inwiefern kreative Prozesse durch Computer unterstützt werden können. *Newell, Shaw* und *Simon* demonstrierten 1958 mit ihrem Programm **General Problem Solver (GPS)**, daß Computer fähig sind, wohl-strukturierte Probleme durch die Verwendung sich ständig wiederholender Methoden zu lösen. Allerdings ist der Computer auch heutzutage noch nicht in der Lage, schlecht-definierte Probleme allein zu bewältigen, die aber durch den alleinigen Einsatz von Kreativitätstechniken lösbar wären. Zudem bleibt beim Computereinsatz die Frage offen, ob der Computereinsatz gerade im kreativen Prozeß zu einer Effizienzsteigerung im Sinne einer Zeitersparnis bzw. einer Kreativitätssteigerung in Unternehmen führen kann.

Gleichwohl eignen sich Computer **zur Unterstützung** des kreativen Prozesses bzw. zur Unterstützung der Kreativitätstechniken, wenn auch nicht aller Techniken. Besonders bei folgenden Aufgaben stellt die Computerunterstützung bereits jetzt ein besonderes Hilfsmittel dar (*Meyer* 1993):

- Übernahme einfacher Assoziationsaufgaben, wie suchen und vergleichen von Begriffen mit den Inhalten einer Datenbank.
- Sammeln, Speichern und Abrufen von Informationen.
- Gedächtnisstütze für den Problemlöser.
- Bewertung logischer Schlußfolgerungen.
- Ordnen, Kombinieren und Sortieren von Informationen.
- Auflisten und Variationsaufgaben.
- Auswahl nach bestimmten Ordnungskriterien.
- Durchführung mathematischer Berechnungen.
- Präsentationsaufgaben wie Ablaufdarstellungen und Visualisierung.

- Erstellung der Arbeitsmittel (Präsentationsunterlagen, Formularentwurf).
- Durchführung von Simulationen (als Bestandteil von Kreativitätstechniken wie der Cross-Impact-Methode oder durch Stichworte und Bilder).

So kann der Computer zwar alleine keine Problemzerlegung und Problemanalyse durchführen, gleichwohl lassen sich beispielsweise Routineaufgaben, wie Auflistungen, Kombinationen und Variationen durchführen. Unter Einsatz eines Zufallsgenerators lassen sich Worte, Sätze oder Bilder miteinander kombinieren und variieren. Daneben können Computer visuelle Anreize für den kreativen Prozeß liefern. Beispielsweise vermag der Computer bei der Morphologischen Methode das Anordnen der Parameter und Ausprägungen, das Sortieren und Speichern der Ausprägungen zu übernehmen. Bei der Sequentiellen Morphologie können neben den Funktionen Ordnen, Sortieren und Speichern mathematische Optionen übernommen werden. Beim Relevanzbaum kann der Computer darüber hinaus die Berechnung der Relevanzzahlen übernehmen sowie die graphische Darstellung. Eine Brainwriting-Sitzung kann vollständig über die Computertechnik ablaufen. Dabei sitzen alle Teilnehmer in einem Raum, lesen die gleichzeitigen Antworten der anderen Beteiligten ab und nehmen dazu Stellung. Die Software konsolidiert, strukturiert und zeigt die Lösungsansätze an. Der Vorteil gegenüber herkömmlichen Sitzungen liegt darin begründet, daß keine Unterhaltungen stattfinden, da sich alle Teilnehmer auf den Computer konzentrieren müssen. Zudem wird durch den Computereinsatz die klare und vollständige Ausdrucksweise gefördert. Auch wenn das zeitaufwendige Eingeben mit der Tastatur hemmend wirkt, wurden überwiegend positive Ergebnisse erzielt (O.V. 1987). Der Hauptanwendungsbereich der Computer ist damit eher bei den systematisch-analytischen als bei den intuitiv-kreativen Methoden zu sehen.

Je nach Computerprogramm sind die Funktionen als Werkzeuge für Routinearbeiten Bestandteil der angebotenen Software. Einen Überblick über die verbreitetsten Computerunterstützungsprogramme zur Kreativitätssteigerung zeigt Abb. 35.

Programmname	Autor	Hilfestellung
CAAS-Suchsystem	Petri/Kroeber-Riel	Entwicklung kreativer Bildideen
Creative Workshop	Schlicksupp	Unterstützung von Teamarbeit
Gamma	Unicom	allg. Funktionen, z. B. Notizbuch
Idea Fischer	Fischer Idea	Brainstorming
Idea Generator	–	Unterstützung sieben verschiedener Techniken
Inspiration	Ceres	Visualisierung mehrerer Techniken
Krea-tek	Meyer/ Trommsdorff	Verwendung mehrerer Techniken
Morphos	Schlicksupp	Morphologischer Kasten
MOSEL	Geschka	Sequentielle Morphologie
Quickstar	Morawa	Verwendung eigener Techniken
Team Focus	IBM	Brainwriting Pool

Abb. 35: Computerunterstützung von Kreativitätstechniken (nach *Meyer* 1993)

So fördert z. B. das von *Schlicksupp* entwickelte Programm Creative Workshop alle Arbeiten die zur Organisation und Durchführung kreativer Teamarbeit nötig sind. In einer Art Checklistfunktion zeigt das Programm wichtige, zu erledigende Aufgaben zur Vorbereitung und Durchführung der Sitzungen, wie Organisation der Teambildung, Moderatoren-Datei, Einladung der Teilnehmer, Ablaufbeschreibung, Einführung in 12 Kreativitätstechniken, Bewertung von Ideen etc. Das Programm Idea Fischer unterstützt die Brainstorming – Methode durch eine aus Fragen bestehende große Datenbank (die als Ideendatenbank bezeichnet werden kann). Sie ist individuell erweiterbar und nimmt auch selbsterstellte Stichworte auf. Einsatzgebiet ist der Bereich Werbung. Das von *Geschka* entwickelte Programm MOSEL unterstützt dagegen die Sequentielle Morphologie.

Zukünftige Entwicklung

Außer den Möglichkeiten der Computerunterstützung und -integration sind im Bereich der Kreativitätstechniken seit den 70-iger Jahren keine wesentlichen neueren Entwicklungen erkennbar. Viele der rund 100 bekannten Kreativitätstechniken unterscheiden sich nur in Nuancen. Der theoretische Bezugsrahmen kann somit als gegeben angesehen werden (*Schlicksupp* 1989, *Geschka/Yildiz* 1990).

Insbesondere der Verbreitung der Kreativitätstechniken kommt so zukünftig eine entscheidende Rolle zu. Dazu gehört aber auch die Institutionalisierung der Kreativitätstechniken in die Unternehmen. Dabei sollte man sich nicht auf die Einführung einer Technik beschränken. Wichtig ist zudem die Ausnutzung der in Unternehmen latent vorhandenen Kreativitätspotentiale durch eine entsprechende Förderung. Das Beherrschen der Kreativitätstechniken und die Computerunterstützung reichen allein nicht aus.

Die erfolgreiche Anwendung von Kreativitätstechniken setzt voraus, daß die Förderung der Kreativität im Unternehmen institutionalisiert wird. Ohne den dazu notwendigen Abbau von Akzeptanzbarrieren im Unternehmen und bei den Personen wird aber die Verbreitung der Kreativitätstechniken kaum voranschreiten. Viele Kreativitätstechniken bedingen eine neue Unternehmenskultur, einen anderen Führungsstil. Aber auch sozialpsychologische Aspekte kreativen Verhaltens und kreativer Gruppenarbeit sind nicht zu vernachlässigen und bedürfen der verstärkten Beachtung.

Entwicklungen in der Computerunterstützung werden zukünftig vor allem den Bereich der Visualisierung betreffen

(*Meyer* 1993). Hier besteht ein großes Potential, z. B. der Computer als Ersatz für Papier und Stift, Animationen und bildhafte Darstellung der Techniken.

Zum anderen ist zu erwarten, daß die sogenannte Künstliche Intelligenz zukünftig auch bei kreativen Prozessen vermehrt einsetzbar ist. Bisher lassen sich durch den Computer allenfalls wiederholende Kernschemata der Informationsverarbeitung sinnvoll umsetzen und abbilden. Die meisten Innovationsprozesse sind jedoch nicht operationalisierbar und können bisher durch die bestehenden Programme nicht gelöst werden. Insbesondere ist der Computer bisher nicht in der Lage emotionale Elemente und die Wechselbeziehungen der Gruppenarbeit einzubeziehen, wie sie den meisten Kreativitätstechniken zu eigen ist.

Das freie, unkontrollierte und unbeherrschte Verhalten, das wesentlicher Bestandteil vor allem der intuitiven Kreativitätstechniken ist und eine Voraussetzung zur Lösung von schlechtdefinierten Problemen darstellt, kann momentan vom Computer nicht übernommen werden. Die Nutzung der künstlichen Intelligenz kann hier möglicherweise einen Entwicklungssprung bewirken.

Literaturverzeichnis

Albach, H.: Technische Prognosen, in: Grochla, E./Wittmann, W. (Hrsg.): Handwörterbuch der Betriebswirtschaft, 4. Auflage, Stuttgart 1976, Sp. 3861–3877.

Appelt, J./Appelt, H.G./Geschka, H.: Märchen für Führungskräfte, in: Fortschrittliche Betriebsführung und Industrial Engineering 6/1988, S. 299–301.

Appelt, J./Appelt, H.G.: Mit Kreativitätstechniken neue Produkte finden, in: Fortschrittliche Betriebsführung und Industrial Engineering 6/1984, S. 334–343.

Bamberger, I./Mair, L.: Die Delphi Methode in der Praxis, in: management international review 2/1976, S. 81 ff.

Berth, R.: Kreativtechniken in der Marketingpraxis, in: Marketing, Zeitschrift für Forschung und Praxis 3/1980, S. 149–154.

Berth, R.: Management zwischen Vision und Mittelmäßigkeit: Schöpferische Produkt- und Firmenpolitik durch Marktfeldanalyse und Kreativtechnik, Stuttgart 1981.

Berth, R.: Visionäres Management, Düsseldorf/Wien/New York 1990.

Blohm, H.: Methoden zur Prognose technischer Entwicklungen (I), in: das Wirtschaftsstudium 3/1979, S. 115–120.

Blohm, H.: Methoden zur Prognose technischer Entwicklungen (II), in: das Wirtschaftsstudium 4/1979, S. 167–173.

Blohm, H.: Das Schöpferische der Management-Aufgabe im Spannungsfeld von Intuition und Rationalität, in: Hax, K./Pentzlin, K. (Hrsg.): Instrumente der Unternehmensführung, München 1973, S. 195–200.

Blohm, H./Beer, T./Seidenberg, U./Silber, H.: Produktionswirtschaft, 2. Auflage, Herne/Berlin 1988.

Boesch, W.: Die Organisation industrieller Forschung, in: Industrielle Organisation 10/1954, S. 35–44.

Brendl, E.: Wie man Innovationschancen nutzt, Wiesbaden 1978.

Brockhoff, K.: Planung und Prognose in Großunternehmen, in: Der Betrieb 18/1974, S. 838 ff.

Burkert, W.D.: Methoden zur Ideenfindung, in: VDI-Berichte Nr. 293, 1977, S. 57–61.

Clark, CH.: Brainstorming. Methoden der Zusammenarbeit und Ideenfindung, 3. Auflage, München 1970.

Cloyd, H. u. a.: Gesprächstechnik für Gruppen, METAPLAN-Reihe 2, herausgegeben von der Metaplan GmbH, Quickborn 1973.

De Bono, E.: Edward de Bono's Denkschule. Zu mehr Innovation und Kreativität, 2. Auflage, München 1990.

Demmer, K.H.: Die neuen Management-Techniken, 7. Auflage, München 1976.

Deutsche Gesellschaft für Betriebswirtschaft (DGfB): Innovation und ihre Organisation in der mittelständischen Industrie – Ergebnisse einer empirischen Untersuchung, Berlin 1979.

Geschka, H.: Die Erfassung von Problemen im Abnehmerbereich als Grundlage für die Planung von Forschung, Entwicklung und Konstruktion, in: RKW (Hrsg.): Handbuch Forschung, Entwicklung, Konstruktion, Berlin 1976, S. 1–29.

Geschka, H./Hammer, R.: Die Szenario-Technik in der strategischen Unternehmensplanung, in: Hahn, D./Taylor, B. (Hrsg.): Strategische Unternehmensplanung, 4. Auflage, Heidelberg/Wien 1986, S. 238–263.

Geschka, H./Reibnitz, U. v.: Die Szenario-Technik – ein Instrument der Zukunftsanalyse und der strategischen Planung, in: Töpfer, A./Afheldt, H. (Hrsg.): Praxis der strategischen Unternehmensplanung, 2. Auflage, Landsberg am Lech 1986, S. 125–170.

Geschka, H./Reibnitz, U v.: Kreativität in der Werbung, München 1977.

Geschka, H./Yildiz, A.: Probleme in den Griff bekommen, in: Gablers Magazin 5/1990, S. 36–40.

Gilde, W./Belkius, E.: Erfinden, was noch niemals war, 4. Auflage, Leipzig 1981.

Gordon, W.J.J.: Synectis, the Development of Creative Capacity, New York/Evanston/London 1961.

Guildford, J.P.: Kreativität, in Ullmann, G. (Hrsg.): Kreativitätsforschung, Köln 1973, S. 25–48.

Helmer, O.: 50 Jahre Zukunft, Hamburg 1967.

Henke, R./Rother, F.: Toter Punkt, in: Wirtschaftswoche Nr. 44 vom 27. 10. 1994, S. 136–139.

Hoffmann, H.-J.: Überblick über die Methoden technischer Prognostik, in: Blohm, H./Steinbuch, K. (Hrsg.): Technische Prognosen in der Praxis, Düsseldorf 1972, S. 1–11.

Hummer, W.: Die neuen Management-Techniken der Ideenfindung sowie des schöpferischen Denkens und Mitdenkens, in: Demmer, K.H.: Die neuen Management-Techniken, 1972, S. 101–123.

Hunt, M.: Das Universum um uns – Neues Wissen vom menschlichen Denken, München 1984.

Hürlimann, W.: Methodenkatalog. Ein systematisches Inventar von über 3000 Problemlösungsmethoden, Schriftenreihe der Fritz-Zwicky-Stiftung, Band 2, Bern 1981.

Johansson, B.: Kreativität und Marketing, Dissertation St. Gallen 1978.

Keller, A.F.: Methoden zum Finden neuer Ideen, in: Marketing-Journal 2/1971, S. 154f.

Kleber, K./Schrader, E./Straub, W.G.: Moderationsmethode: Gestaltung der Meinungs- und Willensbildung in Gruppen, die miteinander lernen und leben, arbeiten und spielen, Hamburg 1985.

Knieß, M.: Nischenpolitik für Produktionsunternehmen der Bundesrepublik Deutschland, Münster/Hamburg 1992.

Marr, R.: Innovation und Kreativität, Wiesbaden 1973.

Meißner, W.: Kreativität, in: Asanger, G./Wenninger, G. (Hrsg.): Handwörterbuch der Psychologie, 4. Auflage, München u. a. 1988, S. 366–370.

Meyer, J.-A.: Kreativitätstechniken, in: Wirtschaftswissenschaftliches Studium 9/1993, S. 446–450.

Newell, A./Simon, H.: Elements of a Theory of Human Problem Solving, in: Psychological Review, May 1958, S. 151–166.

O.V.: Hilft der Computer beim „Brainstorming"? In: Blick durch die Wirtschaft Nr. 241 vom 16. 12. 1987, S. 7.

Osborn, A.: Ipplied Imagination: Principles and Procedures of Creative Problem Solving, New York 1953 (3. Auflage, New York 1963).

Petri, C.: Entstehung und Entwicklung kreativer Werbeideen, Berlin u. a. 1992.

Pfohl, H.-Chr.: Problemorientierte Entscheidungsfindung in Organisationen, Berlin/New York 1977.

Preiser, S.: Kreativitätsforschung, Darmstadt 1976.

Quiske, F.H./Skirl, S.J./Spieß, G.: So leiten sie Kreativ-Sitzungen, in: Absatzwirtschaft 11/1972, S. 55–60.

Reibnitz, U. v.: Szenario-Planung, in: Szyperski, N./Winand, U. (Hrsg.): Handwörterbuch der Planung, Stuttgart 1989, Sp. 1980–1996.

Rohrbach, B.: Kreativ nach Regeln: Methode 6–3-5 – Eine Technik zum Lösen von Problemen, in: Absatzwirtschaft 10/1969, S. 73–76.

Ropohl, G.: Systematische Ansätze bei der Anwendung der morphologischen Methode in der technischen Prognostik, in: Blohm, H./Steinbuch, K. (Hrsg.): Technische Prognosen in der Praxis, Düsseldorf 1972.

Rühli, E.: Visionen, in: Die Unternehmung 2/1990, S. 113.

Schadenhofer, L.: Analyseinstrumente für die strategische Marketingplanung, Wien 1982.

Schlicksupp, H.: Innovation, Kreativität & Ideenfindung, 3. Auflage, Würzburg 1989.

Schlicksupp, H.: Kreativitätstechniken, in: Szyperski, N., Winand, U. (Hrsg.): Handwörterbuch der Planung, Stuttgart 1989, Sp. 930–943.

Schlicksupp, H.: Realisierung der Innovation, in: Allesch, J./Brodde, D. (Hrsg.): Praxis der Innovationsmanagements, Berlin 1986, S. 109–125.

Schlicksupp, H.: Innovation, Kreativität & Ideenfindung, Würzburg 1980.

Schlicksupp, H.: Kreative Ideenfindung in der Unternehmung. Methoden und Modelle, Berlin/New York 1977.

Schmeisser, W.: Systematische Erfindungsförderung als Unternehmensaufgabe: Wege zur Steigerung der Kreativität und zu erfolgreichen Innovationen, Berlin 1986.

Schnelle, E. (Hrsg.): Neue Wege in der Kommunikation, Königstein 1978.

Schömbs, H.: Ideen entwickeln, Probleme lösen, Maßnahmen vorbereiten, Köln 1976.

Schwander, F.: Methoden der ereignisorientierten Prognose als Hilfsmittel der betrieblichen Absatzmarktforschung für langlebige Gebrauchsgüter am Beispiel der Möbelindustrie, Dissertation Karlsruhe 1977.

Seidenberg, U.: Auslöseinformationen im organisatorischen Gestaltungsprozeß – Voraussetzung einer flexiblen Organisation, Frankfurt am Main u. a. 1989.

Stocker, T.: Kreativität und das Schöpferische: Leitbegriff zweier pädagogischer Reformperioden, Frankfurt am Main 1988.

Stuhr, A.W.: Techniken Kreativen Denkens, Karlsruhe 1969.

TFH (Technische Fachhochschule Berlin): Referat IV: Kreativitätsmethoden, Berlin 1992.

Thom, N.: Innovationsmanagement, Schriftenreihe Orientierung Nr. 100, Bern 1992.

Thom, N.: Grundlagen des betrieblichen Innovationsmanagement, 2. Auflage, Königstein 1980.

Uebele, H.: Zur Praxis der Kreativitätstechniken – Anwendungserfahrungen bei der Produktinnovation, in : Die Betriebswirtschaft 6/1988, S. 777–785.

Ulmann, G. (Hrsg.): Kreativitätsforschung, Köln 1973.

Ulmann, G.: Kreativität, Weinheim/Berlin 1968.

Ulrich, W.: Einführung in die heuristischen Methoden des Problemlösens, in: Wirtschaftsstudium 6/1976, S. 251 ff.

Volk, H.: Erfolgreiches Marketing für Innovationen, in: Blick durch die Wirtschaft Nr. 51 vom 13. März 1990, S. 7.

Walles, G.: The Art of Thought, New York 1926.

Weber, D.: Zwischen Magie und Mathematik, in: Management Wissen 2/1987, S. 39–44.

Wechsler, W.: Delphi-Methode, München 1978.

Welters, K.: Cross Impact Analyse als Instrument der Unternehmensplanung, in: Betriebswirtschaftliche Forschung und Praxis 6/1977, S. 557–568.

Zanner, H.: Fröhliches Chaos gefragt, in: Wirtschaftswoche Nr. 35, vom 25. 08. 1989, S. 40–42.

Zerres, M.: Strukturierte Ideenfindung für komplexe Probleme, in: Blick durch die Wirtschaft 42/1988, S. 7.

Zwicky, F.: Endecken, Erfinden, Forschen im Morphologischem Weltbild, München 1966.

Zwicky, F.: Morphological Astronomy, Berlin 1957.

Sachverzeichnis